Martin Malirsch

RESSOURCENQUELLE GEHIRN

Wirkmächtige Beeinflussung des Bewusstseins

EIN MEGAMARKT

MARTIN MALIRSCH

RESSOURCENQUELLE GEHIRN

Wirkmächtige Beeinflussung des Bewusstseins

EIN MEGAMARKT

Rediroma-Verlag

Bibliografische Information der Deutschen Nationalbibliothek:
Die Deutsche Nationalbibliothek verzeichnet diese Publikation in der Deutschen Nationalbibliografie; detaillierte bibliografische Daten sind im Internet über http://dnb.ddb.de abrufbar.

ISBN 978-3-96103-415-4

Umschlagillustration: Martin Malirsch

www.rediroma-verlag.de
8,95 Euro (D)

Autor

Martin Malirsch, Jahrgang 1944, ab 1967 Lehrtätigkeit Kunst/Visuelle Kommunikation, Gesellschaftslehre. Ausbildung von Lehrkräften im Referendariat, Ausbildung und Betreuung von Lehramtsstudierenden in Schulpraktischen Studien bis 2016

Bisherige Veröffentlichungen im Rediroma-Verlag

- SOCIETY 5.0 Die ultrasmarte Gesellschaft Der Geist aus der Flasche, 2017
- Europäisches Projekt im Dilemmamodus | Verwerfungen durch Vielfachkrisen, 2016
- Digitale Netzwerkgesellschaft | Realutopische Szenarien zur Zukunftsfähigkeit, 2015
- Hegemoniale Weltumordnung | Globalisierungsinduzierte Erosionen, 2014
- Big Data | Büchse der Pandora, 2013
- Wertebildungsprozesse in der Marktgesellschaft, 2013
- Kerngeschäft Unterricht | Akzentuierte Bestandsaufnahme der Paradigmenwechsel, 2013

"Mit der Digitalisierung verwandeln wir unser Leben, privat wie beruflich, in einen Riesencomputer. Alles wird gemessen, gespeichert, analysiert und prognostiziert, um es anschließend zu steuern und zu optimieren, Die Haupt-Schürfwerkzeuge dazu sind das Smartphone, der TabletPC und das WLAN-Netz."

Yvonne Hofstetter

INHALT

Die Gedanken sind frei,
wer kann sie erraten,
sie fliehen vorbei,
wie nächtliche Schatten.
Kein Mensch kann sie wissen,
kein Jäger erschießen.
Es bleibet dabei:
Die Gedanken sind frei.

Ich denke, was ich will,
und was mich beglücket,
doch alles in der Still,
und wie es sich schicket.
Mein Wunsch und Begehren
kann niemand verwehren,
es bleibet dabei:
die Gedanken sind frei.

Hoffmann von Fallersleben 1842

0. EINFÜHRUNG

Das Netz ist Alltag, ebenso ist der Alltag im Netz: Wirtschaftliches, Gesellschaftliches, Politisches und Kulturelles werden vom Internet durchdrungen und geprägt. Selbstbestimmung, Autonomie als ein Grundbedürfnis der Menschen scheinen begrenzt zu werden. Die Gesellschaft befindet sich in einer Polarität zwischen dem Globalen als System und dem persönlichen Selbst. In dieser Ambivalenz müssen sich Menschen arrangieren: kulturelle Identität, auskömmliche Lebensbedingungen, Gleichberechtigung, Mündigkeit, Individualität, Freiheit einerseits und Verheißungen und schillernde Versprechen der digitalisierten Gesellschaft mit ihren technologischen Potenzen im Blick auf psychische und physische Perfektionierung andererseits.
Die Grenzen zwischen Natur und Technik, Mensch und Maschine verschwimmen zusehends. Neue Technologien, Informationstechnik, Gen- und Nanotechnologie, infiltrieren den Menschen direkt und ermöglichen dadurch bewusstes Design und radikale Veränderung. Der Homo Sapiens wird selbst zum Objekt von bewusstem Design und radikaler Veränderung.

Neue digitale Technologien in der modernen Hirnforschung haben nicht nur Ergebnisse über die Anatomie und Biochemie des Gehirns hervorgebracht, sondern auch über dessen Funktionsweise.

Einsichten in die Biologie menschlicher Kognitionen, Emotionen und in menschliches Verhalten eröffnen den Blick in das denkende und fühlende Gehirn, zukunftsversprechende Forschungsergebnisse der Neurotechnologie für mögliche Vermarktungsstrategien.
Eine Ökonomie erscheint marktgängig zu werden, die über Massenmedien Emotionen -soziale Aufmerksamkeitssignale- erzeugt, kanalisiert und kontrolliert.
Eine Ökonomie über die Massenmedien kontrollierte und gesteuerte Aufmerksamkeit nennt Franck ‚mentaler Kapitalismus'[1] und in Ergänzung ‚emotionaler Kapitalismus'. Konzentrierte mediale Prozesse erzeugen, steuern und kontrollieren die flüchtige Ressource Aufmerksamkeit, die damit als Ware marktgängig wird. Emotionale Kräfte werden durch soziale Aufmerksamkeitssignale erzeugt, mentale Kräfte mittels Aufmerksamkeitsprozesse auslösende Informationen. Neurowissenschaft als Gestaltungs- und Deutungsmacht generiert Wissen zum Verständnis von Aufmerksamkeits- und Emotionsprozesse und stellt sie als kognitiv-emotionale Produktivkräfte dem Markt als Ware zur Verfügung. Die einem Produkt zuteil werdende Aufmerksamkeit bestimmt dann den Marktwert.

---

[1] Georg Franck, „Mentaler Kapitalismus: Eine politische Ökonomie des Geistes",
Carl Hanser Verlag, München und Wien 2005

Die Beeinflussung kognitiv-emotionaler Prozesse in allen Lebensbereichen durch konventionelle analoge Medien und durch digitale soziale Netze ist im Alltag längst angekommen.
Einflussnahme auf neurochemischer Ebene („Cognitive Enhancer“) zielt auf Expansion, Selbstantrieb, Selbstverwirklichung und Selbstoptimierung des Individuums. Die Pharmaindustrie nutzt Ergebnisse der Hirnforschung für eine massive Ausdehnung des Marktes für Psychopharmaka.
Das größte soziale Netzwerk der Welt, Facebook, arbeitet an einer technischen Lösung, Hirnsignale, Gedanken, direkt in Textnachrichten umzuwandeln.Textnachrichten mit bis zu 100 Wörtern innerhalb einer Minute zu ‚erdenken' sei möglich, ohne dass der Versender eine Tastatur verwenden oder ein Handy aus der Tasche ziehen müsse. Es wäre ein mächtiges und unheimliches Werkzeug für Kriminelle, Geheimdienste und ein Schritt in die totale staatliche Überwachung. Nur solche Gedanken, die an das Sprachzentrum weitergeleitet würden, seien gemeint, so ‚beruhigt' Facebook-Managerin Regina Dugan.[2]

---

[2] Im kalifornischen San José sorgte die Forschungschefin Regina Dugan auf der Facebook Entwicklerkonferenz F8 (April 2017) für erhebliches Aufsehen. Sie verwies auf aktuelle Forschungen an der Stanford-Universität, in denen eine gelähmte Frau dank Elektroden im Gehirn, acht Worte pro Minute Buchstabe für Buchstabe in den Computer schreiben könne. Die Elektroden erkennen die Aktivität der Neuronen, wenn sie einen bestimmten Buchstaben

Sind die Gedanken dann wirklich noch frei?
Mit Blick auf ‚Künstliche Intelligenz' (KI) oder ‚Artifizielle Intelligenz' (AI), befassen sich Stiftungen, gegründet von Elon Musk, Bill Gates u. a. mit der Frage: Kann Technik so weiterentwickelt werden, dass sie einerseits immer intelligenter wird und andererseits menschenkonform bleiben kann?
Je mehr an Vorteilen auf der einen Seite gewonnen, desto größer würden die Gefahren auf der anderen. Wenn Superintelligenz also antizipativ wirke, müsse sie sich als erstes fragen: Wie kann ich mich selbst erhalten? und zweitens: Wer kann den Stecker ziehen? Nur der Mensch. Als logische Folge könnte sie sich gegen den Menschen wenden, so mahnend Benedikter.[3]

Die Beeinflussung kognitiv-emotionaler Prozesse auf genetischer Ebene hingegen scheint

---

eintippen wolle. Die Gehirnaktivität müsse hunderttausende Male pro Sekunde auf den Millimeter genau von empfindlichsten Sensoren überwacht werden, diese Technologie müsse aber erst noch entwickelt werden, so Dugan.

[3] Vgl. Roland Bendikter, Arbeitskreis Wissenschaft und Verantwortlichkeit (WuV) „Transhumanismus - Unterwegs zum „neuen Menschen"? Die Verschmelzung von Natur, Mensch und Maschine" , Innsbruck 2018

zwar vorerst noch in ferner Zukunft zu liegen, die Humangenetik-Forschung steht aber erst am Anfang.
Technologische Entwicklungen jedweder Art jedoch sind irreversible, so die Überzeugung der überwiegenden Mehrheit von Wissenschaftlern, Soziologen und inzwischen auch Politikern.
Der digitalen Berechenbarkeit des Lebens zu begegnen, liege nicht etwa in der Verweigerung der Technik, sondern in einem neuen Denken, das dem Menschen seine Stärken bewusst mache: Kreativität, Toleranz und die Fähigkeit, mit Unberechenbarem umzugehen, so Schirrmacher.[4]

[4] Frank Schirrmacher, Payback, Blessing Verlag München, 2009

Die wichtigste Erkenntnis der modernen Neurobiologie lautet, dass sich das Gehirn durch seinen Gebrauch permanent verändert. Jedes Wahrnehmen, Denken, Erleben, Fühlen und Handeln hinterlässt Spuren.

Manfred Spitzer

1. BEWUSSTSEIN und MIND CONTROL

Bewusstsein als System kann unterschiedliche Ereignisse differenziert erkennen und diese für weiteren Gebrauch integrierend speichern. Mithilfe von Sensoren und Aktoren schafft es eine Verbindung zur Umwelt. Um Einfluss auf das Bewusstsein zu nehmen, wird ein Zugang, eine Schnittstelle benötigt.

Bewusstseinsentwicklung wird evolutionär von gesellschaftspolitischen und soziologischen Gegebenheiten mitbestimmt.

Die Sinnessysteme halten den Menschen im jetzigen Bewusstsein gefangen, denn außerhalb der fünf Sinne kann man nicht denken.

Bewusstseinskontrolle setzt dann ein, wenn systematische und nachhaltige Manipulation von Individuen oder Gruppen etabliert werden mit dem Ziel, Wahrnehmungen, Überzeugungen und Persönlichkeit zu verändern. Durch gezielte psychische Einflussnahme wird eine Schwächung des Betroffenen zu erreichen versucht: Ohne direkte Gewalt findet eine andauernde versteckte Einflussnahme statt. Beeinflussungen finden statt u. a. durch einseitige Wissensvermittlung (Werbung), Werbepsychologie, Propaganda, Übertreibungen, Meinungsvorgaben, Indoktrinationen bestimmter Wertvorstellungen, Emotionen auslösende Hetze, ‚alternative Wahrheiten', Feindbilder, erlerntes Pflichtgefühl oder Hörigkeit gegenüber Autoritätsfiguren usw.

Bewusstseinskontrolle und- beeinflussung erfolgt auf unterschiedliche Art und Weise: elektronisch, akustisch, chemisch, pharmazeutisch, gesellschaftlich, politisch, religiös, durch Bildung, Massenwerbung, Hypnose und Neurobiologie. Besonders wirkungsvoll, wenn Zielobjekte sich nicht bewusst sind, dass sie zu Opfern gemacht und kontrolliert werden. Diese Bewusstseinsbeeinflussung oder Subliminal Mind Control (S-MIC) wird unterhalb der Bewusstseinsebene wahrgenommen und aktiv.

Eine Konditionierung der Gesellschaft in diesem Sinn findet zunehmend mittels einflussreicher global ausgerichteter Mediengiganten statt.

Außersinnliche Sensoren und Aktoren sind darüber hinaus in der Lage, mithilfe der Technik die menschlichen Sinne zu erweitern. Digitale Sensoren und Aktoren bereichern die bestehenden Sinnessysteme, bis hin zu Hirnstimulation durch Mind-Machine.

Allgemeine ‚Mind Control' (Gedankenkontrolle, Bewusstseinseinfluss) kann durch Manipulatoren, die sich eines Mediums bedienen, beeinflusst und kontrolliert werden: Radio, TV, Social Media, Smart Phone, Smart Home, Internetplattformen, Internet der Dinge usw. Prinzipiell können alle Menschen mit unterschiedlicher Intensität erreicht werden.

Da der Mensch das Maß aller Dinge ist, möchte er sich weiterentwickeln und muss sich dazu immer wieder selbst überwinden- bis zum ‚Flow Zustand'. Dieses Erleben nach Erreichen des

Ziels bringt positive Emotionen mit sich, erhöht das Selbstbewusstsein und verbessert das Selbstwertgefühl. Das Flow-Erleben schüttet hohe Mengen an Dopamin aus, vergleichbar einer ‚Glücksdroge', neurophysiologisch gleichsam selbstbelohnend.

Jede Tätigkeit, die mit Flow-Erleben verbunden ist, kann aber auch süchtig machen durch ständige Herausforderungen mit permanent versorgendem Feedback in Form unterschiedlicher Belohnsystemen (Computerspiele, Facebook, Twitter, Instagram usw.)

Tiefergehend, effizienter und folgenreicher muss individuelle Mind Control beurteilt werden; d.h., der gezielte Einsatz von Gedankenkontrolltechnologien gegen einzelne Personen. Jeder menschliche Gedanke, jede Emotion, jede Wahrnehmung und jedes Bedürfnis erscheint kontrollier- und steuerbar durch elektrische Stimulation des Gehirns.

Mit Hilfe von spezifischen Algorithmen wird so eine von Programmierern gesteuerte Simulation einer Welt erzeugt, ein für Betroffene überwiegend unbewusster Vorgang.

„Niemand gezwungen, ein Facebook-Konto zu eröffnen; niemand wird genötigt, die Dienstleistung von Facebook in Anspruch zu nehmen. Die Nutzer machen das freiwillig. Offenbar erfüllt das Unternehmen ein gesellschaftliches Bedürfnis, fortwährend Persönliches mit Fremden zu teilen Man kann sich aber auch dagegen entscheiden, weil man es obszön findet, infantil oder lästig. Selbstverantwortung ist das Zauberwort. Ja, man kann sich sogar dem Geschäftsmodell wieder entziehen, wie es ja in diesen Tagen manche tun".

Reinhard K. Sprenger , 2018

2. DIGITALES GESCHÄFTSMODELL

Mentale Indoktrination

Der Datenskandal um Cambridge Analytica (02/ 2018) mit seinen zwielichtigen, manipulativen Praktiken und die Rolle Facebooks bei der möglichen Einmischung Russlands in die US-Wahl waren Auslöser des massiven Vorwurfs, Facebook habe Werkzeuge geschaffen, um Menschen manipulieren zu können. Das Geschäftsmodell, Daten zusammenzuführen und mit Hilfe von Algorithmen Verhaltensmustern zu analysieren, um psychologische Profile zu erstellen, gerät in den Blickpunkt.

Der Belgier Guy Verhofstadt zweifelte bei der Befragung Zuckerbergs vor dem EU-Parlament (5/2018), dass die großen Internetgiganten unsere Gesellschaft bereicherten, sondern eher ein digitales Monster geschaffen hätten, das unsere Demokratien und Gesellschaftsordnung zerstörten.

Zu Micro-Targeting befragt (Werbung für sehr spezielle Nutzergruppen, wie beim Cambridge-Analytica-Skandal), Nutzern zu erlauben, diese 'targeted advertising' abzustellen, gab es keine Antwort von Zuckerberg; nicht verwunderlich, ist dies doch das lukrative Geschäftsmodell von Facebook.

Die Kluft zwischen dem, was die Menschen an neuen Bedürfnissen in Sachen Mitsprache und Transparenz hätten und der Fähigkeit der politischen Institutionen, auf diese Forderungen der Gesellschaft zu reagieren, werde größer, so Guy Verhofstadt.
Jürgen Habermas nannte es „die neue Unübersichtlichkeit“: Die Welt sei hochkomplex, hochgeschwind und unvorhersehbar und der Orientierungsbedarf größer denn je.

Die „Gafa-Ökonomie“, benannt nach den Anfangsbuchstaben der vier Tech-Konzerne und Monopolisten des Internets: Google, Amazon, Facebook und Apple zählen zu wertvollsten Börsenunternehmen der Welt. Für das Suchen, Liken und Einkaufen werden keine Gebühren erhoben, bezahlt wird mit Daten. Nicht irgendwelche Daten sind das Ziel, sondern es zielt auf die Nutzer selbst, auf ihre Privatsphäre und ihre Manipulierbarkeit.
Immer mehr Bereiche des menschlichen Verhaltens werden kategorisiert, quantifiziert und aggregiert. Insbesondere durch die Nutzung des Internets und von sozialen Netzwerken werden in bisher undenkbarem Ausmaß Daten von Bürgern erhoben, die Aufschluss über private und politische Einstellungen geben können.
Soziale Netzwerke schleusen perfektionierte Werbung wie normale Nachrichten in den Daten-

strom ihrer Nutzer ein, Nährboden für manipulative Botschaften; Werbung mutiert zu Propaganda.
Fließende Übergänge zwischen einer Beeinflussung und einer gezielten Manipulation, aus der Sicht der Produzenten einzig auf Profit ausgerichtet, erreichen gigantische Ausmaße.
Die Beeinflussung des Bewusstseins ist zunehmend allgegenwärtig und verschärft sich im Zuge der technischen Entwicklungen.
Die großen Plattformen generieren mit neuen digitalen Technologien eine bisher nicht gekannte Wirkmacht. Transaktionen dieses digitalen Geschäftsmodells finden ausschließlich zwischen Digitalsystemen statt und nicht zwischen Menschen, Nutzern.
Netzunternehmer profitieren vom automatischen Teilen von Inhalte in sozialen Netzwerken, bekannt als „Frictionless Sharing". Nutzer müssen gar nicht mehr durchgängig selbst aktiv werden, um Informationen zu posten, sondern das übernehmen automatisch Apps, die Inhalte des digitalen Miteinander-Teilens mitzeichnen, soziale Netzwerke sind transitiv.

Der sich wiederholende Austausch von einer Leistung und einer Gegenleistung, zwischen einem nachfragenden und einem anbietenden System, läuft nach exakten Regeln ab, über eine definierte technische Schnittstelle, die Leistungen sind immer virtuell und digital.

Aber nicht nur technologische Veränderungen oder ökonomische Investitionsvolumen sind die zentralen Themen, sondern auch das Selbstbild und die Zukunft des menschlichen ‚Ich' als Ganzem geraten in den Blickpunkt.
Philosophische Fragen nach dem menschlichen Ich rücken ins Zentrum disziplin-übergreifender politischer, wirtschaftlicher, kultureller und gesellschaftlicher Debatten in einer global schnell wachsenden Bewusstseinsindustrie. Hedonistisch geprägte Lebensweisen wie Glück, Wohlbefinden, Lust und Freiheit im ausgeprägten Individualismus, verlangen zusehends Steigerungen durch technologische Entwicklungen über Lebenszeitverlängerung und "Human Enhancement"Anwendungen, welche die natürlichen Fähigkeiten der Menschen verbessern oder erweitern vermögen, bis hin zu Gehirn-Computer-Schnittstellen,Verbindung des menschlichen Gehirns mit einem Computer und Steuerung von Maschinen (darunter Prothesen) durch Gedankenkraft.
Als Beispiel sei Stephen Hawking genannt:
Der renommierte britische Physiker Stephen Hawking lebte mit ALS (Bei ALS-Patienten verkümmert das motorische Nervensystem) und war

seit Jahrzehnten fast vollständig gelähmt auf einen Rollstuhl angewiesen, er starb am 11.März 2018. Er konnte seit mehr als 30 Jahren nicht mehr sprechen. Um sich zu verständigen, nutzte Hawking einen Computer mit Sprachausgabe, den er früher per Hand steuerte und dann mit den Augen. Er kommunizierte mittels eines Muskelzuckens in der rechten Wange und benötigte dazu Computer und Sprachsynthesizer. Ein winziger Infrarotsensor an seiner Brille war mit dem Computer verbunden, der Sensor erkannte die Wangenbewegung, mit der Hawking bestimmte Wörter auf dem Bildschirm auswählte. Diese Wörter wurden dann vom Stimmgenerator ausgesprochen.

Mit Pillen, Elektroden und Implantaten setzt eine neue Industrie dazu an, Träume der grenzenlosen Ich-Erweiterung und –Verbesserung zu realisieren: die permanente Selbstoptimierung des Individuums.

Die Pharmabranche buhlt inzwischen um die elektronisch verfügbare Menge an Informationen und Daten aus Krankenakten, Versicherungsstatistiken und Melderegistern, die gezielt ausgewertet werden können.

Datenschützer halten das für bedenklich, wenn Technologieunternehmen mit ihren Datenbergen aus Fitness-Armbändern, -Apps und den sozialen Medien diese als Marktforschung für Pharma-Riesen zur Verfügung stellen. Konzerne begründen hingegen offiziell die Auswertung mit der Erhöhung der Wirksamkeit von Arzneien im Alltag, um Therapien zu verbessern. Auf eine neu entstehende Bewusstseinsindustrie wartet ein Milliardenmarkt.

„Die Bewusstseins-Industrie ist die eigentliche Schlüsselindustrie des 20. Jahrhunderts",
stellte Enzensberger schon in den 60er Jahren fest.

So prognostiziert der US-amerikanische Erfinder Ray Kurzweil für das Jahr 2045 eine technologische Singularität[5] - also einen Zeitpunkt, an dem eine künstliche Intelligenz die menschliche in allen Bereichen überflügle, man daher nicht weiter in die Zukunft schauen könne, weil die heutige Intelligenz nicht ausreiche, die folgenden Entwicklungen zu antizipieren.

Durch die Verschmelzung von menschlichem Bewusstsein mit Technologie verändert sich sowohl die Technologie, als auch der Mensch selbst: wird dabei die Technologie menschlicher - oder der Mensch technischer? Die Technik bleibt nicht wie bisher draußen und damit wie bisher das Objekt des Menschen. Sondern sie

---

[5] Singularität meint jene Idee des Transhumanismus, die über Körper und Gehirn hinaus schließlich das Bewusstsein als höchste Kategorie des Menschen in Angriff nimmt, so dass es keine Unterscheidung mehr zwischen Mensch und Maschine gibt, der biologische Mensch wäre dann vollkommen ersetzbar, sein Geist aber unsterblich.

dringt in seinen Körper ein, verbindet sich mit ihm, wird zu einem Teil seines Subjekts, Teil seines Bewusstseins.

„ Wir verbringen genau so viel Zeit damit, online zu kommunizieren wie offline, und unsere neue Online-Welt könnte eine narzisstische iDisorder fördern. Online-Kommunikation macht es für einen Narzissten nicht nur leicht, seine Großartigkeit auszuspielen, sondern es handelt sich auch um ein natürliches Forum für narzisstische Wut in einer Umgebung, in der spontane, gedankenlose Bemerkungen weit verbreitet sind".

Lerry Rosen

3. Auswirkungen auf Hirnaktivität: „iDisorder“

„Ebenso wie Hacker die Stromversorgung eines Krankenhauses lahmlegen können, können digitale Medien-User in ihrem eigenen Gehirn die Versorgungszentrale für die gesamte Informationsverarbeitung auf psycho-kognitiver Ebene außer Kraft setzen und eine mentale Erschöpfung herbeiführen“, so Dr. Gertraud Teuchert-Noodt im Interview.[6] Behielten Medien-User nicht die Oberhand über ihr Tun und Planen, erlägen sie unmerklich einer Art Cyberattacke auf die Netzwerke ihres Gehirns. Denn die neurochemisch und hirnrhythmisch gesteuerten Funktionen in den entsprechenden höchsten Hirnarealen – dem limbisch-präfrontalen System – täten sich mit einer Erholung von einer digital induzierten Attacke sehr schwer, zumal diese mit einer sich anfangs unmerklich einschleichenden Symptomatik einhergehe: Das könne den Verlust der kognitiven Urteilsfähigkeit, Angstsyndrom, Sucht, Burnout und Depression auslösen und lebenslang geminderte Lern- und Denkfähigkeiten hervorrufen.

Gesicherte Erkenntnisse aus der Neurobiologie weisen auf negative, irreversible Auswirkungen

---

[6] Interview von Johanna Wenninger-Muhr mit Frau Professorin Dr. Gertraud Teuchert-Noodt, in Umwelt – Medizin – Gesellschaft Heft 3/2017, S. 28-32

auf die Gehirnentwicklung hin. Ursachen dieser Pathologisierung wurden von der Neurobiologin Professor Gertraud Teuchert-Noodt erforscht, sie konnte an Stoffwechselprozessen im Gehirn die Wirkmechanismen der Schädigung durch Bildschirmmedien nachweisen.
Vor allem körperliche Bewegungen eines Kindes bestimmen, wie die ersten Funktionsmodule des Klein- und Großhirns reifen. Bewegung und Spiel, haptische und sinnliche Erfahrungen entscheiden über die Entwicklung des Gehirns und des Denkens. Vielfältige Bewegungsaktivitäten in den Kinderjahren wirken sich optimal auf die Reifung mentaler Funktionen aus und führen zur Stimulation komplexer Operationen wie Aufmerksamkeit, Urteilsfähigkeit und Sozialverhalten.
Da sinnliche Erfahrungen dreidimensional sind, wird nur durch sie die Raumkoordination in den reifenden Modulen der Hirnrinde optimal ausgebildet.
Das Raum-Zeit-Gedächtniss ist aber grundlegend für das Denken, das Lernen, das Handeln und das Planen letztlich für Intelligenz verantwortlich. Fehlt die Vernetzung ‚sensomotorischer und assoziativer Rindenfelder' entfällt weitgehend die Bautätigkeit des Denkapparates und damit der Reifungsprozess des Gehirns: dies kann nicht mehr nachgeholt werden.
Das reduzierte Tablet-Wischen ersetzt heute vielfach die räumliche Bewegung: „Erstmals in der Menschheitsgeschichte wird uns durch die Digi-

talisierung diese für Denkprozesse absolut notwendige neuronale Grundlage streitig gemacht", so Teuchert-Noodt.

Regelmäßigen Beanspruchungen und Bewegungen oder Reizen passt sich das Gehirn plastisch reagierend an. So sensibilisiert das häufige Benutzen von Smartphones durch das ständige Umherwischen auf dem Touchscreen das Gehirn und verändert es.
Im Umgang mit Computer, Smartphone oder Tablet werden Botenstoffe im Gehirn freigesetzt und verändern so die Gehirnzellen.
„Der tägliche Umgang mit Hightech-Erfindungen führt dazu, dass Hirnzellen sich verändern und Neurotransmitter freigesetzt werden, wodurch allmählich neue neuronale Bahnen in unserem Gehirn gestärkt und alte geschwächt werden", so Gary Small, amerikanische Hirnforscher. [7] Da das menschliche Gehirn seine größte Plastizität in den Kindheitsjahren hat, werden in diesen Jahren im Gehirn viele neue Verschaltungen gebildet, andere selten genutzte Verbindungen, für unnötig erachtete, reduziert.
Stundenlanger Gebrauch digitaler Medien stimuliert die Hirnaktivität, löst biochemische Prozesse aus, die Veränderungen im Gehirn nachhaltig

---

[7] Small, Gary, Vorgan, Gigi, Klosterm, Maren, „iBrain: Wie die neue Medienwelt das Gehirn und die Seele unserer Kinder verändert", 2009

bewirken: Neue Fähigkeiten entwickeln sich verstärkt, andere schwinden radikal, z. B. soziale Fähigkeiten.

Der frontale Cortex- hinter der Stirn liegendes Netzwerk im Gehirn- ist für Empathie, Handlungsplanungen, Frustrationstoleranz, Impulskontrolle zuständig. Den Frontalcortex aufzubauen und zu verschalten erscheint bei intensiven Digital- Usern wegen Reizüberflutung und sprunghafter Aufmerksamkeit zusehends problematischer, so Untersuchungsergebnisse vom Neurobiologen Hüther.

Sprachentwicklungs- und Konzentrationsstörungen, körperliche Hyperaktivität, innere Unruhe bis hin zu aggressivem Verhalten sind nachgewiesene Ursachen und Folgen der Nutzung digitaler Medien.

Übermäßiger Medienkonsum – auch im Erwachsenenalter – hat zahlreiche Nebenwirkungen zufolge: Zwangshandlungen, wie das ständige Starren aufs Smartphone, Angstzustände bei der Abwesenheit digitaler Geräte, Enthemmung in der virtuellen Kommunikation, ausgeprägter Narzissmus in der Selbstdarstellung, insbesondere in sozialen Netzwerken, Aufmerksamkeitsstörungen, ein beeinträchtigtes Durchhaltevermögen, Empathieverlust und Einsamkeit. US-amerikanische Psychologieprofessor Larry Rosen prägte dafür den Begriff „iDisorder“[8] Die Psychologie des Technologieforschers Dr. Larry Rosen warnt, dass unsere Technologie unser Leben bestimmt und dazu führt, dass wir Symptome von Störungen wie narzisstische Persönlichkeitsstörung und Zwangsstörungen entwickeln. Er nennt sie „Ich-Störungen".

Technologisch induzierte psychische Störungen zu vermeiden, ist auch das Anliegen auf der Grundlage der BLIKK-Studie der deutschen Bundesregierung 2017[9]
(**B**ewältigung, **L**ernverhalten, **I**ntelligenz, **K**ompetenz und **K**ommunikation – Kinder und Jugendliche im Umgang mit elektronischen Medien)

Mit dem Zugang und Einsatz neuer Informationstechniken geht aber nicht automatisch ein Verstehen einher, zeigen auch weitere Ergebnisse u.a. der computerfreundlichen „Studie Bildung 2030“ des „Aktionsrates Bildung“ der Ver-

[8] Rosen, Lerry, „Die digitale Falle: Treibt uns die Technologie in den Wahnsinn?“, Springer-Verlag Berlin Heidelberg 2013

[9] Vgl ANLAGE 2 und https://www.drogenbeauftragte.de/presse/pressekontakt-und-mitteilungen/2017/2017-2-quartal/ergebnisse-der-blikk-studie-2017-vorgestellt.html

einigung der Bayerischen Wirtschaft (VBW), Mai 2017 Doch kein neues pädagogisches Trichterstudium als Folge der Hype der Digitalisierung: „Digitaler Nürnberger Trichter", „Nürnberger Trichter 2.0 ?

Aufgrund der behavioristischen Konditionierung mittels Smartphone, TabletPC und WLAN-Netz wird die Reflexionsfähigkeit gemindert. Eine schleichende Neuausrichtung des Erziehungswesens und – geschehens beginnt bereits in den KiTas.
Computer und Algorithmen steuern autonom die ‚Bildung' und gleichen so mit digitalen Medien die soziale Ungleichheit bildungsferner Schichten aus, so das Credo der IT-Industrie, orientiert an ihrem Marketingkonzept.
Sozial benachteiligte Kinder verfügen jedoch über mehr Unterhaltungselektronik (Smartphones, Tablets, WiFi-Spiele) und verbringen in der Regel mehr unkontrollierte Zeit mit den Geräten als Kinder aus Elternhäusern, in denen viel miteinander gesprochen, gelesen und viel gemeinsam unternommen wird. Technische Medienkompetenz kann von Kindern und Jugendlichen unproblematisch erworben werden, aber damit wird noch keine Medienmündigkeit erlangt.

Die Medienpädagogin Prof. Paula Bleckmann[10] kommt in ihrer Auswertung der Studienlage unter Einbeziehung des OECD - Berichtes zu dem Schluss: „Nachgewiesen ist ein erhöhtes Risiko für Verzögerungen in der Sprach- und Bewegungsentwicklung, für Übergewicht, für Schlafstörungen, für Empathieverlust und für Schulversagen."

---

[10] Bleckmann. Paula: „Macht Digitalisierung krank? " Verantwortung der Wissenschaft in Zeiten von „war for eyeballs", fake science und Digital-Kita in: Vereinigung Deutscher Wissenschaftler, 2018, https://vdw-ev.de/prof-dr-paula-bleckmann-macht-digitalisierung-krank/

„Die bewusste und zielgerichtete Manipulation der Verhaltensweisen und Einstellungen der Massen ist ein wesentlicher Bestandteil demokratischer Gesellschaften. Organisationen, die im Verborgenen arbeiten, lenken die gesellschaftlichen Abläufe. Sie sind die eigentlichen Regierungen in unserem Land. Wir werden von Personen regiert, deren Namen wir noch nie gehört haben. Sie beeinflussen unsere Meinungen, unseren Geschmack, unsere Gedanken. Doch das ist nicht überraschend, dieser Zustand ist nur eine logische Folge der Struktur unserer Demokratie."

Edward Bernays, 1928 „Propaganda"[11]

[11] Edward Bernays, (1891 – 1995), US-Amerikaner, geistiger Urvater der Public Relations

4. Werbung, Public Relation (PR) und Propaganda

Massenmedien sind im Lebens- und Arbeitsalltag allseits präsent, sie werden quer durch alle Altersklassen, Bildungsschichten und sozialen Milieus genutzt, und die Dauer des Medienkonsums nimmt stetig zu. Zentrale Aufgabe der Medien ist die Informationsfunktion, möglichst vollständig, objektiv und verständlich. Sie sollen dafür sorgen, dass Menschen politische, soziale, wirtschaftliche oder ökologische Zusammenhänge begreifen. So greifen die Medien aktiv ins gesellschaftliche Leben ein und beeinflussen die Wahrnehmung der Realität, Handlungsmuster, Rollenverhalten, Normen; gesellschaftliche Werte zu vermitteln, sind soziale Funktionen, die in einer komplexer werdenden Welt der Orientierung und Partizipation dienen und damit eine wichtige Funktionen für eine demokratische Gesellschaft übernehmen. In einer pluralistischen und multikulturellen Gesellschaft wird den Medien insbesondere auch eine Integrationsfunktion zugeschrieben.

Medien unterliegen aber auch einem Manipulationsverdacht, da zunehmend Bürger mit Beeinflussungsversuchen durch politische Akteure und Werbung rechnen, sind sie misstrauischer und auch schwerer zu überzeugen, d.h. sie neigen eher zur eigenen Meinungsverstärkung denn zur Meinungsveränderung.

Wenn Sichtweisen geformt und Verhalten verän-

dert werden sollen, sind Werbung/PR und Propaganda mit manipulativen Techniken in ihrem Element.
Sie sind stark emotional geprägt, und ihre Kommunikation bevorzug einfache Sinnbilder und Symbole. Während faire Kommunikation in der Regel sich dialogisch gibt, kommuniziert dagegen Propaganda einseitig. Es wird mit Scheinargumenten operiert, von erwünschter Resonanz erwartet man nur gleichgestimmte Ansichten.
Moderne Werbung und PR nutzen großzügig vorhandene Spielräume kreativ bis an die Schmerzgrenze aus. Vor einer glatten Lüge schrecken die meisten jedoch zurück. Sie fühlen sich weitgehend Werten und Wahrheiten verpflichtet. Faire Kommunikation erkennt soziale Bezüge an und bevorzugt positive Verstärkung.
Die Propaganda hingegen erscheint eher weitgehend skrupellos. Zweck und Ziel zählen, jedes Mittel ist recht, auch Wirklichkeitsfälschung und Rufmord; Inhalte, Wahrheit und Werte sind nachrangig. Propaganda ist so alt wie die Gesellschaft selbst, auch ihre Methode, Wahrheit mit Lügen zu mischen, bis der Einzelne nur noch seinen eigenen Emotionen vertraut. Emotionen individuell zu beeinflussen ist allerdings neu, da Daten freiwillig dafür bereitgestellt werden und Nutzer sozialer Medien so indirekt mit Machtverlust bezahlen.

Im Wesen ist Propaganda radikal und aggressiv. Sie kann Angst erzeugen, Feindbilder prägen, Hass schüren und Panik erzeugen.
Werbung und PR neigen aber auch zu Grenzüberschreitung hinsichtlich Wirklichkeit und Wahrheit, wenn es dem Unternehmenszweck, Marketingzielen oder Wahlergebnissen dient.
Manipulation und Täuschung spielen in der Funktionsweise des Marktes eine entscheidende Rolle. Unternehmen nutzen menschliche Verführbarkeit aus: ‚Phishing for Fools' meint alle Versuche von Unternehmen, Verbraucher über den Tisch zu ziehen, denn Menschen verhalten sich nicht immer vernünftig, sie sind erstaunlich häufig emotional, irrational, eitel oder unsicher.
Social Media bringen die Menschen näher, ermöglichen sogar Revolutionen: Arabischer Frühling als Twitter- und Facebook-Revolution bejubelt.
Sich über soziale Medien auch in einem autokratischen Staat frei äußern zu können, ist zweifelsohne ein Fortschritt. Was für die privaten Nutzer gilt, hat auch Geltung für staatliche Akteure, die als Machthaber oder politische Eliten die Meinungen steuern können.

4.1 Sozialkredit-System Chinas

Alle privaten und staatlichen Datenbanken miteinander zu verbinden, strebt die Kommunistische Partei in China an. Jegliches Verhalten zu erfassen, zu bewerten, zu belohnen oder zu sanktionieren ist das Ziel.

Bereits im Jahr 2014 hat die chinesische Küstenstadt Rongcheng damit begonnen, ein Sozialkredit-System einzuführen. Der Staat sammelt so viele Daten wie möglich, trägt sie zusammen und wertet sie aus und generiert ein Punkte-Konto; Punkte, die aus dem Arbeits- und Privatleben ermittelt werden, unterliegen der staatlichen Bewertung. Mit 1000 Punkten für alle ausgehend, kann die Zahl erhöht werden oder es kommt zu Abzügen. Von der höchsten Bewertung AAA (‚rote Liste') bis zur schlechtesten Bewertung (‚schwarze Liste') D mit 600 Punkten: ein einfaches und radikales staatliches System des Belohnen und Bestrafens, von Schuld und Sühne.

Die öffentliche Verwaltung und andere Institutionen senden für das Sozialkredit-System Informationen über ihre Bürger: Familienstand, Strafregister, Verkehrsdelikte, Kredithistorie, Informationen der Finanzbehörden und der Sozialkassen, Informationen aus Mobilfunk-Verträgen bei den staatlichen Telekommunikationsunternehmen.

Auf einer Plattform des chinesischen Software-Giganten Kingdee wird die riesige Datenmenge gesammelt und ausgewertet. Die Daten ergeben sich aus den in den sozialen Medien geposteten privaten Informationen und den vom Staat gesammelten Finanzdaten und Informationen aus den öffentlichen Datenbanken und von den großen Internetgiganten Alibaba und Tencent.

Algorithmen berechnen, wer nach Definition der Partei ein ‚aufrichtiger und moralischer hochstehender Mensch' ist, traditionell eine sehr erstrebenswerte Position

Bis zum Jahr 2020 soll im ganzen Land ein möglichst umfassendes, miteinander verzahntes System aufgebaut werden, erfolgreiche Pilotprojekte als Vorzeigeprojekte sind bereits etabliert. Alle Datenbanken des Landes sollen zusammengeführt werden, auch große Konzerne wie Chinas Internetriesen wie Alibaba oder Tence liefern auf der Grundlage ihrer Kundendaten und eigenen Kreditbewertungssystemen.

Bislang wurden nur für den gesetzes- und regelwidrigen Umgang mit Geld Strafen ausgesprochen, das Sozialkreditsystem erfasst und bewertet nun aber auch gesellschaftliches und moralisches Verhalten der Bürger, über den gläsernen Bürger ist alles bekannt. Das System belohnt seine Bürger für moralisch konformes Verhalten im Sinne der Kommunistischen Partei Chinas und alles andere wird bestraft.

Kritiker des chinesischen Systems der Zensur und Kritik an die Unterdrückung der abweichenden Meinungen in der Volksrepublik werden als ‚Störenfriede' gebrandmarkt oder gar weggesperrt.

Mit dem Sozialkreditsystem rüstet sich der autoritäre Staat China fürs digitale Zeitalter, Bürger künftig besser und effizienter zu kontrollieren, hin zu einer totalitären Internet-Gesellschaft, so chinesische Blogger und Dissidenten.
Die digitale Weiterentwicklung löst mit der neuen Form der sozialen Kontrolle analoge Formen des Spitzel- und Überwachungsstaates ab: die alten Werkzeuge der Kontrolle -Aufenthalts-Registrierung, Polizei, Personenspitzel – greifen nicht mehr.
Das Sozialkreditsystem war zunächst die logische Folge der innerparteilichen Antikorruptionskampagne, jetzt wird auch das Volk durchleuchtet, der Staat will die vollständige Transparenz seiner Bürger.
Das Bewusstsein zum selbstverantwortlichen Verhalten im Sinn der autoritären Herrschaft wird mittels der allgegenwärtigen Technik gesteuert und dem digital gesteuerten Ganzen der Gesellschaft untergeordnet.

Es regt sich kaum Widerspruch und Widerstand, da ein Bewusstsein geschaffen wird, dass das Verhalten jedes Einzelnen „quasiautomatisch mit der Funktionstüchtigkeit des Ganzen in Beziehung gesetzt werde und sich von daher fortlaufend selbst reguliere. Dabei spielt auch die verpflichtende Kraft der Moral in einem traditionellen Sinn eine Rolle“[12]

Um das Milliardenvolk zu kontrollieren benutzt Chinas Führung Big Data und Künstliche Intelligenz (KI) als wirksames Werkzeug, als Herrschaftsinstrument. Sozial funktionierende Menschen zensieren und steuern sich selbst als gefügige Untertanen. Mit dem Überwachungsinstrument, der App ‚WeChat', minimiert sich Anonymität im Cyber-Raum:

Einkaufen, Chatten, Telefonieren, Buchungen von Reisen und Restaurants, Taxiruf, Fahrradmiete, bargeldloses Bezahlen, usw. werden mit den echten Namen und Bankkonten registriert.

Zhang Zheng, Wirtschafts-Professor an der renommierten Peking Universität, Leiter der Forschungsstelle für Chinas Sozialkreditsystem, sieht in diesem System einen künftigen Grundpfeiler für die moralische Ordnung der chinesischen Gesellschaft. Es ist ein System für beide – für die Unternehmen und für die einzelnen Bürger, zweifelsohne habe sich die Moral der Menschen durch die soziale Kontrolle und Bewertung verbessert.

Die politische Führung in Peking will mit dem Sozialkreditsystem die Menschen zu moralisch einwandfreien Bürgern erziehen. Es soll dazu dienen, die Ordnung des Marktes und die Ord-

[12] Vgl. „Die totale Kontrolle“, FAS, 6.Mai 2018, Nr.18, S.45

nung in der Gesellschaft zu verbessern. Im Sinne des Leitbildes von Chinas Staatspräsident Xi Jinping die ‚harmonische Gesellschaft"

Kann aber eine Gesellschaft, so strikt von der Regierung kontrolliert, noch innovativ und kreativ sein? Wenn Entscheidungen zunehmend von Daten verarbeitenden Maschinen dominiert werden, wo bleibt die menschliche Urteilsfähigkeit oder auch Intuition; je nach Situation, Gegebenheiten ist es oft sinnvoller bestimmte Entscheidungen eben nicht der Datenlage, den Datensätzen zu folgen.

Überwachung verhindert schöpferisch zu sein. Abweichendes Verhalten erzeugt Kreativität. Wer überwacht wird, verhält sich konform und generiert Selbstzensur im Sinne vorauseilenden Gehorsams: Verlust der Unbefangenheit und Privatheit sind die Folgen.
Um Gedanken künftig außer Gefecht zu setzen, reicht jetzt die digitale Technik mit ihren Algorithmen aus: Das Gehirn verliert seinen ‚Privatraum'

Im kommenden Jahrhundert werde die entscheidende menschliche Ressource, die es zu bewahren und zu schützen gilt, unser eigenes Bewusstsein sein. Unsere Gesellschaft sei bestürzend nachlässig mit der Regulierung kommerzieller Aktivitäten im Lebensraum ihrer Mitglieder umgegangen – eine Erkenntnis, die im Kern in Frage stelle, „wie wir das wertschätzen, was einmal unser Privatleben genannt worden ist."

Tim Wu: „The Attention Merchants". The Epic Scramble to Get Inside Our Heads, 2016

4.2 Libertärer Paternalismus: Nudging

Nudges (‚Anstöße') bezeichnen eine vom Staat ausgehende, leichte, aber spürbare Lenkung, die sich die kognitive Architektur des Menschen zu Nutze machen, um den Bürgern einen Anschubser in die ‚richtige Richtung' zu geben, wohlgemerkt von einem Anschubser und nicht von einem entscheidenden Schubs oder Stoß ist die Rede: Es wird durch den umgestalteten Entscheidungskontext zur Verbesserung der Entscheidung lediglich eine Option hervorgehoben, die ultimative Entscheidungsgewalt verbleibt beim Individuum.

Neben einer besser informierten Entscheidung von Individuen ließen sich Nudges auch dazu benutzen, nur bestimmte Informationen deutlicher und damit präsenter zu machen und dadurch die individuelle Entscheidung in eine vom Staat gewünschte Richtung zu beeinflussen. Dies entspricht in vielen Aspekten dem, was Firmen seit jeher mit Werbung zu erreichen versuchen.

Nudges können Entscheidungen von Menschen verbessern, wenn sie in Form von gut aufbereiteter Information daherkommen.

Sie können helfen, indem sie es Personen erleichtern, die wichtigen und zentralen Informationen herauszufiltern, was ein vereinfachtes Einschätzen und Vergleichen von verschiedenen Alternativen ermöglicht.

Nudges können Standardvorgaben sein, diese sollen Menschen in eine empfehlenswerte Rich-

tung "stupsen", indem sie in Entscheidungssituationen einen optimalen Standard als Vorauswahl anbieten.
Schlechte Entscheidungen seien nämlich nicht nur kostspielig für die betroffene Person selbst, sondern ebenso für den Staat, beispielsweise der Energiekonsum eines Haushalts, Rentenpläne, Verschuldung sowie Gesundheitsvorsorge und Fürsorge der Menschen.
Richard H. Thaler[13] ,einer der bekanntesten Forscher der sogenannten Verhaltensökonomie (Vertreter der Science of Choice) etablierte psychologische Aspekte des menschlichen Verhaltens (Behavorial Economics) in ein wirtschaftswissenschaftliches Modell.
Dem Konstrukt des Homo oeconomicus, also des rationalen Akteurs, setzt er den libertären Paternalismus dagegen. Menschen verhalten sich nicht rational und unbeeinflusst, oft sogar schaden sie sich sogar selbst mit ihren eigenen Lebensentscheidungen, so seine Grundannahme. Unterschieden werden Humans von Econs. Die größten Probleme von Humans sind ihr Mangel an Selbstkontrolle, während Econs hingegen sich fast immer ideal verhalten.
Durch gezieltes Anstupsen, sogenannte Nudges, sollen Menschen in ihren Entscheidungen zum

---

[13] 2017 ist US-Ökonom Richard H. Thaler mit dem Nöobelpreis für Wirtschaftswissenschaften ausgezeichnet worden, er habe die Ökonomie menschlicher gemacht.

Positiven beeinflusst werden, nicht mit Zwang etwa durch entsprechende Gesetze, sondern sie sollen ihre Entscheidungsfreiheit behalten. Als bekanntestes Beispiel dienen die Schockbilder auf Zigarettenpackungen: Rauchen soll nicht verboten, wohl aber das Verhalten verändert werden. Der Staat versucht Menschen in Richtung Gesundheitsbewusstsein zu stupsen, aus staatlicher Sicht eine vernünftige Entscheidung, Menschen können aber weiterhin sich für unvernünftiges Verhalten entscheiden, als Bürger eines liberalen Rechtsstaats, im Sinn des ‚paternalistischen Liberalismus'.

Mit dem Nudging will der Staat seinen Bürgern nur Gutes tun, ein freiheitlicher Ansatz?

Wer bestimmt, was gut oder schlecht ist für die Bürger? Rein staatliche Fürsorge oder doch schon übergriffig? Haben Menschen – der ‚Modellbürger'- dann noch Gelegenheit zu lernen, wenn sie lebenslang vor dem geschützt werden, was ihr paternalistischer Staat für schädlich hält, wo bleibt die persönliche Freiheit?

Ist die Trennung zwischen privat und öffentlich erst einmal beseitigt, Interventionen des Staates nur(?) wohlgemeinte Absichten, dann sind der Manipulation und der Kontrolle von Bürgern durch ihren Staat keine Grenzen mehr gesetzt. Eine normreproduzierende Politik mittels Nudges lässt wenig Spielraum für die Weiterentwicklung von Präferenz und Verhalten.

Der öffentliche Bürger erscheint als Idealtypus im paternalistischen Staat, umsorgt, behütet und

entmündigt, im Gegensatz zur Konzeption von Autonomie und Freiheit des Individuums.
Allen Veränderungen zum Trotz habe eine Sache immer Bestand, die Privatsphäre des eigenen Hirns. Nie könne jemand Gedanken lesen und nie könne die eigentliche Gesinnung der Menschen offenbar werden, so der immerwärende feste Glauben der Menschen - bisher.

Fakten und Informationen werden aber zunehmend in stark emotionalisierter Form angeboten und Fakten werden mit Fakten gekontert. Gesellschaftliche und politische Themen vermischen sich mit Meinungen und Meinungen mit moralischen Bewertungen. So schließt man sich leicht der Meinung der scheinbaren Mehrheit an, aus Angst vor Isolation; Elisabeth Noelle-Neumann nannte es „Schweigespirale“, diese unterbindet abweichende Meinungen, also auch die Gedankenfreiheit selbst. Das sei die größte Gefahr für die Demokratie, das Schweigen der vielen, die sich vom Paternalismus der Medienelite bevormundet fühlen, so Norbert Bolz Medienwissenschaftler an der TU Berlin.

"Wenn ich sage, ich vermisse die Zukunft, dann meine ich: Wir haben die Vision einer kreativen und mutigen Zukunft eingetauscht für eine langweilige, eine Zukunft, in der es nur um Geld geht, um Macht und Kontrolle, die User klicken ihre eigene Zukunft weg, die Vision wurde zur Illusion."

Jaron Lanier

5. Plattformkapitalismus: „Gafa-Ökonomie“

Die Macht der Algorithmen

Das Einkaufen im stationären Handel und auch im Netz ist zunehmend abhängig von Daten und Rechenregeln. Daten sind die Ressourcen der Informationsgesellschaft.

Denn während z.B. Öl der Erde begrenzt ist und der Preis des Öls als knappe Ressource umso höher klettert, je weniger von ihr übrig ist, füllt sich der Vorrat an Daten dagegen fortwährend auf; durch das Internet, durch die modernen Kommunikationsinfrastrukturen, durch Milliarden Menschen, die jeden Tag soziale Daten über sich selbst, über ihre Bewegung, über ihr Verhalten und ihre Interessen erzeugen. Die Menge der erzeugten Daten wächst exponentiell.

Daten sind per se nutzlos. Ihre Werte werden geschaffen, wenn Daten gesammelt, analysiert, verglichen, gefiltert und aus ihnen neue Produkte generiert werden. Denn erst mit den Algorithmen werden Daten für Akteure wertvoll, es werden Muster sichtbar, allerdings unsichtbar für den Menschen.

Algorithmen von Plattformen, sozialen Netzen und Suchmaschinen sind die Schnittstelle zum Menschen. Algorithmen beeinflussen Entscheidungen und damit das Verhalten der Nutzer.

Darüber hinaus starten Bemühungen, Bedürfnisse und künftiges Handeln sogar vorherzusagen.
Am Beispiel des Online-Händlers Amazon wird ersichtlich, wie Millionen Produkte im Angebot die digitale Auslage nicht mehr per Hand gestaltet werden kann, sondern zwangsläufig algorithmisch erfolgen muss. Mit der Datenanalyse und der Datenkompetenz macht das Unternehmen ein lukratives Geschäft; Bedürfnisse der Kunden und neueste Trends werden zur richtigen Zeit mit passendem Angebot begegnet und mit weiterer Werbung ergänzt.
Die Datenprofile ermöglichen nächste Schritte – ‚Predictive Analytics'. Optimierte Algorithmen werden in Zukunft die Bestellung schon losschicken, bevor der Einkauf getätigt wird, ‚Predictive Delivery'
Auch wenn die potentiellen Kunden ‚unsichtbar' sind, kann man ihre Klicks nachverfolgen und mit Daten korrelieren; u.a. gehören dazu bisheriges Einkaufsverhalten, geographische Standortdaten und Informationen über den verwendeten Netzzugang. Inhalte werden je nach Nutzerverhalten gewichtet. Eine gegenseitige Beeinflussung findet im Austausch statt: der Algorithmus beeinflusst den Nutzer, der Nutzer wiederum hinterlässt unbewusst mit dem Algorithmus eine ‚Spur', so werden für andere Interessenten Begehrlichkeiten geweckt und Kaufentscheidungen getroffen.
Ergänzt werden Push-Mitteilungen durch Funkbaken. ‚Beacons', sind Sender, die in und rund

um Geschäfte zahlreich mit unterschiedlichen Kennungen ihre Signale wie ein Funkfeuer ausstrahlen. Der Kunde mit Smartphone wird aufgrund der Signalstärke gleichsam geortet und ortsbezogene Aktionen können gestartet werden. Insbesondere junge, technik-affine Kunden werden dadurch gezielt erreicht.

Die Digitalisierung des stationären Handels mittels Location Based Services lässt den Branchenverband LBMA durch die Zielgenauigkeit der Kundenansprache hoffnungsvoll in die Zukunft schauen. Zudem erlauben die erfassten Daten eine detaillierte Analyse des Kaufverhaltens im Einzelhandel.

Nach einer einschlägigen Umfrage gaben 48 Prozent der Befragten auf die Frage nach den größten Trends im Bereich mobiler Werbung „Location-based Advertising" an

Die Beacons können auch an beweglichen Gegenständen platziert werden, so dass Signale von Smartphones mit der entsprechenden App empfangen und dazu benutzt werden, um z.B. in geschlossenen Räumen zu navigieren, gezielt Produktinformationen am Point of Sale (POS) über Sonderangebote einzublenden, Besucher beim Betreten eines Geschäftes zu lenken oder wissenswerte Informationen zum ausgestellten Exponat z.B. im Museum weiterzugeben

Zentral in diesem Zusammenhang sind allerdings auch die rechtlichen Schranken, die sich aus dem Datenschutz und dem Schutz der Privatsphäre

ergeben, denn Voraussetzung zum Versenden der Opt-Ins ist die Erlaubnis der Nutzer.
Menschen beschaffen sich im Internet Informationen, kaufen Produkte online oder suchen nach einer passenden Dienstleistung. Die Internetnutzung ist in den letzten Jahren enorm gestiegen. Amazon, Apple, Facebook oder Uber benutzen künstliche Intelligenz mit dem Ziel, in Suchanfragen von Usern schneller und besser vorhersagen zu können. Suchmaschinen, wie z.B. Google, erhalten eine immer höhere Relevanz. Die eigene Website von Unternehmen in den Suchmaschinen für die entsprechenden Anfragen auch zu finden und auch sicherzustellen, betreiben immer mehr Unternehmen im Rahmen ihrer ‚OnlineMarketingAktivitäten' Suchmaschinenoptimierung mit dem Ziel, in den Google Suchergebnissen auf die Top-Platzierungen zu gelangen und damit eine höhere ‚Klick'Quote zu erhalten.
Der Suchmaschinengigant Google (Werbeeinnahmen sind für 99,9 Prozent des Google-Umsatzes verantwortlich) implementiert mittlerweile auch vorausschauende künstliche Intelligenz zur Optimierung der Suchwünsche seiner Nutzer: deren Suchwünsche sollen vorhergesagt werden, noch bevor sie eingetippt oder ins Mikrofon gesprochen werden.
Jeder Nutzer wird zukünftig individuell mit Informationen versorgt – abgestimmt auf Standort, Uhrzeit und bisherige Suchanfragen.

Neue SEO (Search Engine Optimation)-Anforderungen sollen das Ranking verbessern.
Es geht mehr um das Kreieren eines guten Content zur besseren Platzierung, den User gern konsumieren, weniger um einfache Antworten auf Fragen.
Eine Erweiterung erfährt Google durch die Answer-Engine.
Einen Satz - eine Frage oder ein Problem- in Googles Suchfeld eingegeben, verhelfen sprachbasierten Suchapplikationen wie Siri oder Google Now wegen der dialogorientierten Anfragen zu mehr Akzeptanz der User, zu mehr Werbeeinnahmen von Google und mehr Umsatz und Gewinn der aktiven Unternehmen.

Digitalisierungsprozesse haben überwiegend in den konsumnahen Bereichen den entscheidenden Schwerpunkt und Erfolg. Google, Microsoft, Amazon oder Facebook sind allesamt Dienstleistungsunternehmen, deren Geschäftsmodelle sich in Form von Werbung, IT-Services, Streaming- oder Verkaufs- und Distributionsdiensten direkt auf die Konsumtionssphäre richten, inzwischen verstärkt auch selbst Apple den Vertrieb und Verkauf zahlreicher Applikationen und Services.
Mit dem dramatischen Anwachsen aufrufbarer Informationen wächst die Abhängigkeit von Werkzeugen der Informationsgewinnung, ständig auf der Suche nach Telefonnummern, Adressen, Öffnungszeiten, Namen von Personen, Flugdaten, Schnäppchen usw.

Neue Anwendungen und Dienste[14] werden entwickelt, sie benutzen multiple analytische Techniken, um Nutzerverhalten zu studieren und kommerziell zu verwenden.
Nicht die Nutzer, sondern die „Gafa-Ökonomie“ organisiert ihre digitale Identität. Soziale Netzwerke fordern zum Entwurf des Selbstbildnisses auf, damit wird die Überwachung durch Andere die Versicherung der eigenen Existenz.

Aufgrund freiwilliger Selbstausleuchtung und Selbstentblößung erweist sich die Freiheit als Kontrolle. Die digitalisierte Gesellschaft unterliegt einer psychopolitischen Steuerung, denn sie unterwirft sich den Bedingungszusammenhängen im weitgehenden Einvernehmen, Konformität ist die Folge.

---

[14] Beispielsweise Googles freier E-Mail-Dienst Gmail, die Videoplattform YouTube, das soziale Netzwerk Orkut, Google Maps und Google Earth, seine Haupteinnahmequelle AdWords mit seinen Anzeigen, die per Klick bezahlt werden, sowie Büroanwendungen wie Calendar, Talks und Docs

„Divergenzen zwischen technischem und geistigem und moralischem Fortschritt seien es, was in der modernen Welt nicht stimme. Als eines der „schlimmsten Dinge des Internets" sei die Verführung, durch Twitter in kürzester Zeit eine Position zu beziehen und darüber zu urteilen, was hip ist oder nicht. Gleichzeitig laufe man Gefahr, selbst als nicht hip zu gelten, wenn man nicht die Position der anderen einnimmt"

Jonathan Franzen

5.1 Beeinflussung und Manipulation

Im Wesentlichen werden Menschen von gesellschaftspolitischen Bedingungen und Verhältnissen ihrer Lebens- und Arbeitsumwelt und Freizeit geformt. In den westlichen Industriestaaten sind die Menschen subjektiv in das bestehende System integriert, denken und handeln weitgehend in deren Sinn, im Glauben und in der Überzeugung frei und unabhängig zu sein.
Profile der Nutzer zu erstellen, ist vor allem im Konsumbereich gang und gebe; im Wirtschaftsbereich geht es um Werbung, Kreditwürdigkeit oder um die individuelle Preisgestaltung
Die Macht der Unterhaltungs- bzw. der Bewusstseinsindustrie haben gigantische Ausmaße erreicht. Die Übergänge zwischen einer Beeinflussung und einer gezielten Manipulation in einem gesellschaftspolitischen Sinne sind dabei fließend, aus der Sicht der Erzeuger einzig an der Profitoptimierung ausgerichtet.
So ist die intelligente Gestaltung von Entscheidungssituationen beispielsweise in Supermärkten alltäglich; sie verführen ihre Kunden mit Duftstoffen, Gemüseabteilungen werden speziell belichtet, um die knalligen Farben hervorzuheben, und Obst und Gemüse mit Wasser beträufelt, damit sie möglichst frisch aussehen. Süßigkeiten werden im Kassenbereich platziert, damit sie leichter im Warenkorb landen.
Die großen Konzerne als Medienunternehmen stellen nicht nur die Infrastruktur zur Verfügung,

sondern stehen mit Algorithmen und Selektions- bzw. Priorisierungsentscheidungen in den Kommunikationsprozessen sozialer Medien in der Verantwortung.
Social Bots z.B. stellen eine Gefährdung für den Meinungsbildungsprozess in einer Demokratie dar, so das Ergebnis einer Studie[15], so auch Phänomene wie Fake News, Internet-Trolle oder gar Hate Speeches im Netz.
Social-Media-Plattformen wie Google und Facebook, Instagram und Co, deren Algorithmen so angelegt sind, dass Nutzer immer weiter machen, manipulieren die Nutzer zu Suchtverhalten, sind Psychiater vom Zentrum „Internet und seelische Gesundheit" der Charite überzeugt. Das Problem sei, dass schon seit Jahrzehnten aus kommerziellen Interessen um unsere Aufmerksamkeit konkurriert werde, das habe immer mehr zugenommen.

---

[15] Social Bots für Wahlkampfzwecke einzusetzen, lehnen 60 % aller Befragten ab und bezweifeln die Glaubwürdigkeit der Parteien zur selbst auferlegten Selbstverpflichtung des Verzichts. Sie befürchten, dass in Zukunft immer öfter Menschen und Entscheidungen durch sie beeinflusst werden (Developer Week 2017)

Anbieter setzen beispielsweise gezielt „Trigger“[16], um Jugendliche in den sozialen Foren und Netzwerken zu halten.
Die Nutzer werden immer transparenter, der Umgang der Unternehmen mit deren Daten immer undurchsichtiger. Persönliche Informationen über Social Media, via Smartphone oder Webbrowser generieren einen konstanten Datenstrom über Leben oder Nutzungsverhalten und werden an Dritte weitergegeben. Allein technische Informationen wie die IP-Adresse der verwendeten Rechner, Standortdaten oder Benutzen von iPhone oder ein Android-Gerät reichen aus.
‚Neuromarketing' versucht aufgrund zahlreicher Erkenntnisse der Hirnforschung möglichst effiziente Werbemaßnahmen zu kreieren, d.h. Kaufentscheidungen der Verbraucher mit gezielten Kauf- Trigger zu beeinflussen, dies geschieht weitgehend unbewusst und immer emotional.
Erfolgreiches Neuromarketing setzt voraus, für Zielgruppen ein tiefes Verständnis für ihre Wünsche, Bedürfnisse aber auch Abneigungen zu

[16] Trigger („Auslöser“) für einen Vorgang, der eine Empfindung, einen Affekt, intensives Erleben usw. auslöst Trigger als Schlüsselreiz kann Sinneseindrücke unbewusst und unvermittelt wiederbeleben (‚Flashback')

erzeugen, damit angebotene Marken im digitalen Markt ideal positioniert in das sog. „Relevant Set“[17] der Konsumenten mithilfe „Buyer Personas“ gelangt.

Viele Nutzer sind diesen Werbestrategien ahnungslos ausgeliefert, Ihnen ist gar nicht bewusst, dass sie maßgeschneiderte Botschaften erhalten. „Intransparenz ist das A & O jeder erfolgreichen Manipulation“ ist Schaar, ehemaliger Datenschutzbeauftragter, überzeugt. Es gehe um eine heimliche Steuerung unserer Bedürfnisse, unseres Handelns oder unseres Wahlverhaltens, weit mehr als „nur“ um das Problem des Datenschutzes.

Diktaturen arbeiten immer zuerst an der Abschaffung der Privatheit und des Geheimen und Verborgenen. Denn nur so lassen sich Menschen effektiv kontrollieren. Die entscheidende Übereinstimmung zwischen politischem und digitalem Totalitarismus liegt in der Zerstörung der Privatheit, in der Okkupation der Privatsphäre, die macht das Individuum schutzlos.

Nur der entpolitisierte Raum ist transparent und erweist sich als perfektes Herrschaftssystem, das keinen Herrscher mehr braucht, weil niemand ernsthaft etwas Anderes will, denn was sich nicht

---

[17] Vgl. Hans-Georg, Häuser, „Wie man seine Zielgruppen erkennt und begeistert“, Haufe Verlag | 2018

der Sichtbarkeit unterwirft, macht sich verdächtig. Die digitalen Apparate generierten einen neuen Zwang, ein neues Sklaventum, das Menschen effizient ausbeute, so der Philosoph Byung-Chul Han.
In einem Interview verkündete Marc Zuckerberg (2010) die Privatsphäre sei ein Ding von gestern, sie sei eben nicht mehr zeitgemäß und Facebook widerspiegele nur den "Wandel der sozialen Normen ".
Konsumenten werden zwar nicht zu einem bestimmten Verhalten gezwungen, aber doch wird das Denken in eine ganz bestimmte Richtung gelenkt, die tägliche Manipulation versucht in vorgefertigte Muster zu zwingen, denn immer wieder werden bestimmte Begriffe und Themen im Sinne der angestrebten Ziele besetzt.
Eine Form der Beeinflussung ist die sogenannte Gamifizierung, die vorwiegend im Werbe- und Unterhaltungsbereich eingesetzt wird. Spieltypische Elemente und Vorgänge werden in einen spielfremden Zusammenhang gebracht und übertragen. Typische Mechanismen sind Belohnung bei einem gewissen Punktestand von Bonusstempelkarten, kostenlose Sammelbildchen, Treuekarten usw. Ziel der Gamification ist beim Nutzer eine Verhaltensänderung zu bewirken, sie suggeriert Nutzern Vorteilsnahmen, Unternehmen generieren zusätzliche Umsätze durch Kundenbindung. Die Technik zur Kontrolle und Manipulation ist mittlerweile weit voran geschritten: Facebook z.B. beschäftigt Tausende Mitarbeiter,

die sich nur mit der süchtig machenden Flowerzeugung und der Formung perfekter Filterblasen beschäftigen. Google kann die Meinungsbildung von Nutzern über alle Plattformen und Altersklassen hinaus beeinflussen, eine manipulative Erschaffung eines falschen bzw. unwirklichen Bewusstseinszustands bei der breiten Masse.

Gleichsam ein ‚Suchtverhalten', eine verhaltensbedingte Abhängigkeit mit dem Belohnungssystem verursacht beispielsweise Facebook durch Like Buttons eine erhöhte Dopamin Ausschüttung.
Immer raffinierter werdenden Algorithmen verknüpfen im Netzwerk unbemerkt Informationen, erstellen Persönlichkeitsprofile der einzelnen Nutzer, die sich darüber kaum Gedanken machen. Alle Daten werden mit Vernetzungen, Verbreitung und Verwendung personenbezogen gespeichert, stetig verfeinerte Algorithmen verarbeiten gewonnene Persönlichkeitsprofile auch zukünftig (‚Das Internet vergisst nichts': So ist bekannt, dass im Fall eines Vorstellungsgesprächs fast jeder Personalleiter einen Blick auf die 'Social-Media-Accounts' der einzustellenden Person werfen wird.)
Elektronische Dauerberieselung durch das Internet (permanente Blicke auf Display, Monitore, Kontakte via WhatsApp oder Twitter) wirken auf das Gehirn der Nutzer.
Der frühere Präsident von Facebook, Sean Parker, warnt vor den Folgen der Nutzung sozialer Me-

dien. Diese seien darauf ausgelegt, Schwächen der menschlichen Psyche auszunutzen. Es störe wahrscheinlich das produktive Verhalten, damit verändere sich auch der Umgang untereinander und mit der Gesellschaft zum Negativen. Er sei mittlerweile aus Gewissensgründen zu einem Social-Media-Verweigerer geworden, so Parker auf einem Medien-Event (2017) in den USA.
Die ursprüngliche Überlegung sei immer gewesen, wie Facebook die Menschen dazu bringen könne, der Seite möglichst viel ihrer Zeit und Aufmerksamkeit zu widmen. Der Drang der Menschen, der User, nach sozialer Bestätigung, schafft ein Feedback Loop, ausgelöst durch kleine Dopaminschübe. Mark Zuckerberg, Kevin Systrom (Instagram) und er (Parker) hätten die Schwachstelle in der Psychologie der Menschen gekannt und eine Verhaltensänderung durch Dopaminschübe bewusst ausgenutzt, um ein Milliardengeschäft zu generieren.
Facebook, Alphabet und Google, Amazon, Microsoft, Apple und Paypal, sie alle sind aber regulierbar. Sie sind riesengroße Konzerne – Gewinnerzielung ist ihr Zweck, darf aber nicht als Selbstzweck dienen. Wer Milliarden umsetzt, egal ob Amazon, Google, Facebook usw. muss sich seiner gesellschaftlichen Verantwortung stellen.Um die Grundfeste der Demokratie zu sichern, muss in einer sozialen Marktwirtschaft die Macht der großen Unternehmen an die Rückbindung an die sozialen Normen der Gesellschaft sichergestellt werden.

Computergestützte Propaganda ist zu einer der mächtigsten Waffen gegen die Demokratie geworden, so das Ergebnis eines Forschungsprojekts am Internet-Institut der britischen Universität Oxford 2017. Social Bots und andere Formen automatisierter politischer Kommunikation untergraben die Demokratie durch Manipulation der öffentlichen Meinung.
Computergestützte Propaganda verbreiten mit Einsatz von Algorithmen, Automatisierung und menschlicher Selektion absichtlich irreführende Informationen über soziale Mediennetzwerke auf Plattformen wie Facebook und Twitter.
Soziale Medien werden verstärkt aktiv für die Meinungsmache verwendet, in autoritären Staaten im Wesentlichen als Mittel zur sozialen Kontrolle und gezielten Desinformationskampagnen.
Aber auch politische Kräfte in Demokratien in aller Welt versuchten über soziale Netzwerke die öffentliche Meinung zu manipulieren, haben Oxford-Wissenschaftler bewiesen. Staatlich gelenkte Akteure rufen mit destruktiven und irreführenden Beiträgen Verunsicherungen hervor mit dem Ziel gesellschaftlicher Instabilität.
Der Anteil automatisierter Accounts sei in Deutschland zwar vergleichsweise gering, dennoch Fake News und Desinformation spielten in deutschen sozialen Medien eine substanzielle Rolle. So seien etwa 20 Prozent der politischen Nachrichten und Informationen hierzulande auf

Twitter falsch, so die Wissenschaftlerin Lisa-Maria N. Neudert[18]

Über Bots würden nicht nur Meldungen verbreitet, sondern auch Beiträge auf Twitter, Facebook oder Instagram automatisiert geliked oder geteilt. Dadurch könne Aufmerksamkeit gesteigert werden und der Eindruck entstehen, eine bestimmte politische Strömung habe mehr Unterstützer als in der Realität.

Das soziale Netzwerk sei seit vielen Jahren eine Plattform für Politmarketing, so EU-Kommissarin Vera Jourová und warnt vor negativen Auswirkungen auf demokratischc Wahlcn durch Datenmissbrauch.

Die entscheidende Frage zielt nach dem Ort der Technik in der Demokratie. Ersetzt die Technik eigene Fähigkeiten, so droht der Verlust der Mündigkeit, denn ohne Mündigkeit des Bürgers droht auch das Ende einer Demokratie.

Der Soziologe und Sozialpsychologe Welzer prägt in diesem Kontext den Begriff „Selbstentmündigungsfatalismus". Statt einer Verbesserung des Lebens führe die Digitalisierung zur Entfremdung und Entmächtigung, da die Mehrheit der Menschen (User) der Meinung sei, daraus Nutzen zu ziehen. Welzer mahnt, nicht

[18] Ergebnis einer Studie von Lisa-Maria N. Neudert, Wissenschaftlerin ‚Projekt Computational Propaganda Research' der britischen Universität in Oxford.

aus Bequemlichkeit und ohne Not die Demokratie zu verspielen.
Mit der Digitalisierung wird eine wesentliche Triebkraft zu Hyperkonsum, Ressourcenverschwendung und Klimakatastrophe angeheizt, ein Katalysator auf dem Weg in den ‚smarten Totalitarismus'. Der bisherige Kapitalismus der parlamentarischen Demokratie verwandele sich schleichend in eine Diktatur, in der Autonomie und Freiheit mit Hilfe digitaler Medien aufgehoben seien und staatliche Ordnung dem Diktat weniger Konzerne weiche. Die smarte Diktatur werde über die Möglichkeit der totalen Kontrolle jedes Menschen über Smartphone, TabletPC, soziale Medien wie Facebook und Twitter und Google verwirklicht, so Harald Welzer.[19]

Insbesondere die Konditionierung der Kinder und Jugendlichen erfolgt im Wesentlichen über die Nutzung des SmartPhones. Die Bewusstsein formende, antrainierte Sozialisation hinsichtlich Konsumorientierung im Interesse der Marktverwertung wird von Algorithmen überwacht und gesteuert: Eine Form der Disziplinierung, Individuen (Nutzer) isolieren sich zusehends und entfremden sich von der Gemeinschaft.

---

[19] Vgl. Welzer, Harald, "Die smarte Diktatur. Der Angriff auf unsere Freiheit", S Fischer, 2016

„Evolution wird technologisch sein, nicht mehr biologisch“

Eric Leuthardt, Neurochirurg

6. NEUROKAPITALISMUS

Die menschliche Intelligenz ist die wichtigste Ressource des Menschen, mittels neurotechnologischer Eingriffe - nichtinvasiv oder invasiv - steigerungsfähig.
Mit Technologien wie das Brain-Computer-Interface (BCI) werden elektrische Aktivität aufgezeichnet und mit Hilfe von Rechnern analysiert und in Steuersignale umgewandelt, nichtinvasiv oder aber oder invasiv mittels implantierter Elektroden.
Synapsen, Verbindungsstellen zwischen Nervenzellen, über welche die elektrischen Signale laufen, mit denen das Gehirn arbeitet, können mittlerweile fotografiert und sogar gefilmt werden. Man kann zusehen, wie sie sich bei Lernprozessen verändern. Werden funktionelle bildgebende Verfahren eingesetzt, dann lässt sich sogar die Aktivität ganzer Bereiche des Gehirns sichtbar machen. So kann man die neuronalen Auswirkungen von Lernprozessen nachweisen.
Während die biologische Evolution bisher durch Selektion und Genetik und exogene Kräfte voranschritt, werde die Evolution zukünftig weitgehend technologisch sein, mutmaßen viele Neurowissenschaftler.
Wissenschaftler und Technologie sehen Fortschritte an der Nahtstelle von Neuro- und Computerwissenschaften und dort den nächsten großen Markt. Sie wollen das menschliche Gehirn zur neuen Eroberungszone ihrer unternehmerischen Aktivitäten machen.
Wir lebten in einer Zeit der Selbstverbesserungswilligen, die Selbstvermesser hätten

sich zunächst den Körper vorgeknöpft, jetzt sind es Selbstvermessung und Selbstverbesserung des Gehirns. ‚Brainhacking' bedeute, das eigene Denken mit technischen Mitteln schneller, präziser, besser zu machen. Das Gehirn zu manipulieren hieße, die Persönlichkeit zu manipulieren. Das Gesicht der Menschheit werde sich verändern, wenn wir begännen, unser Gehirn als Zone stetiger Selbstverbesserung und als ökonomische Ressource zu begreifen. Hinter dem Anliegen stecke schon jetzt eine große Industrie, warnt Meckel, Professorin für Kommunikationsmanagement an der Universität St. Gallen.

Wenn es gelingt, das Gehirn ans Internet anzuschließen, wird das in der Entwicklung der Menschheit einen Schub auslösen, der den Menschen verändert. Wer Gedanken auslesen kann, hat einen nahezu unbegrenzten Zugriff auf das Individuum, auf das Innerste der Persönlichkeit. Und wo sich Gedanken aus dem Gehirn lesen lassen, da lassen sie sich im Umkehrschluss auch hineinschreiben. So kann man Informationen, Erfahrungen und Erinnerungen speichern und eine Persönlichkeit umschreiben.

Mit dem Zugang zum Gehirn werde die Grenze zum Ich überschritten zu Individualität und Freiheit, so Miriam Meckel, Chefredakteurin der „Wirtschaftswoche“ und Professorin für Kommunikationsmanagement an der Universität St. Gallen.[20]

---

[20] Miriam Meckel, „Mein Kopf gehört mir: Eine Reise durch die schöne neue Welt des Brainhacking“, März 2018

„Yeah, it's awsome, it's streaming digital content to the nervous system!"

Silicon Valley

6.1 Bewusstseinserweiterung durch das erste digitale ‚High':

Winzige Elektroströme regen Nervenzellen im Gehirn über Hautkontakt an, sie verändern Stimmungen in kurzer Zeit.
Ein Wearable von der Firma „Thync" ist so ein Gerät, das die digitale Welt unmittelbar mit dem Körper verkoppelt – indem es am Kopf, im Gesicht - zwischen Gedanken und Gefühlen - letztlich am Bewusstsein ansetzt.
Neurowissenschaftler und Informatiker von Massachusetts Institute of Technology und Stanford griffen die technologische Entwicklung von einem Biomediziner und einem Chemieingenieur auf und gründeten das Startup „Thync". Den Menschen zu helfen, ihre geistige und körperliche Leistungsfähigkeit im Alltag zu verbessern, ist ihr Argument. Es ist die logische Fortsetzung einer lukrativen Einnahmequelle, eine Ergänzung von Gesundheitsapps bis zu Aktivitätsmessgeräten. Das Gerät von „Thync" verändert die Form von Körper und Geist – statt einfach nur Daten aufzunehmen, die der Körper abgibt: vom Blut über die Fitness bis zur Fruchtbarkeit wird gemessen, analysiert, beobachtet, kontrolliert- absolut freiwillig. Es vermag als bewusstseinserweiternde Droge Stimmung bei Bedarf abzurufen und feinzutunen: eine postmodernen Droge nicht unbedingt aus der Realität in eine eigene ‚Welt' zu flüchten (wie seinerzeit Hippies, Beat-

niks, Lebenskünstler), sondern eher die eigene wahrgenommenen Realität als ‚Selbst' anscheinend besser zu beherrschen, zu optimieren. Herkömmliche Drogen greifen chemisch in den Botenstoff-Spiegel ein, die digitale Droge beeinflusst hingegen direkt das Gehirn und das Nervensystem und damit auch das Bewusstsein.
Der Transmitter von „Thync" - ein Stimulationsgerät, das im Nacken befestigt wird - leitet modulierte Ströme, sogenannte Vibes, durch die Haut direkt in die Kranialnerven,[21] die ins Gehirn führen. Die Vibes beeinflussen so das sympathische und parasympathische Nervensystem und die Gehirnströme – und damit schließlich auch den Ausstoß von Botenstoffen und Hormonen.
Die digitale Technologie nimmt direkt Einfluss auf das Gehirn und führt so bestimmte Bewusstseinszustände herbei. Dies geschieht meist über periodische akustische oder visuelle Signale bzw. Reize, die bestimmte Gehirnwellen anregen, als ‚Brainwave Entrainment' Verfahren bekannt. Ein wachsender Markt mit wachsenden Konsumentennachfragen nach technologischen Geräten zur Körper- und Geist-Manipulation hat einen

[21] Die Hirnnerven führen den Informationsaustausch zwischen unseren Sinnesorganen, dem Gehirn und einigen Muskeln aus. Vgl. https://blog.cognifit.com/de/hirnnerven/ „Hirnnerven: Welche gibt es? Welche Funktionen erfüllen sie im Gehirn?

enormen Anstieg an Wearables-Unternehmen zufolge.

Der Markt für die Welt der Selbstoptimierer erscheint als gigantisch boomende Wellness-Bewegung. Die Grenzen zu überschreiten, die Menschen durch ihren Körper oder mentale Unzulänglichkeit auferlegt sind, lässt die Suche nach optimalem Wohlbefinden als Glücksgarant anstatt der überall gepriesenen positiven Effekte oft in Unwohlsein und Vereinsamung münden. Es geht um Wettbewerbsfähigkeit zur Erhöhung des Marktwertes durch freiwillige Selbstüberwachung. Das Ausarbeiten am eigenen Fitnessplan wird zur obsessiven ‚Statusarbeit', die unbemerkt in eine Pflicht oder gesellschaftliche Erwartung umschlagen kann: Mit der freiwilligen Datenerhebung und Freigabe für die Öffentlichkeit entsteht ein Netzwerk wechselseitiger Sozialkontrolle; die richtigen Verhaltensweisen werden bestärkt und die falschen missachtet.

Die quantifizierenden Zuweisungen von Statusrängen verändere die Ungleichheitsordnung. Bisher Unvergleichliches wie Gesundheit oder Attraktivität unterliegen miteinander der Vergleichbarkeit und werden in ein hierarchisches Verhältnis gebracht, so die These von Steffen Mau.[22] Es enstehe eine Gesellschaft, in der alles und jeder ständig vermessen und bewertet werde;

---

[22] Steffen Mau, „Das metrische Wir: Über die Quantifizierung des Sozialen", edition suhrkamp, 2017

diese Bewertungssysteme entschieden mit über Verteilung von Lebenschancen.

Was geschieht, wenn das Hirn zur neuen Produktivitätskraft wird? Welche Auswirkungen hat es für die Menschen in ihren Lebens- und Arbeitwelten? Kostendruck, Effizienz, Gewinnmaximierung und Gier sind Auswirkungen der Digitalisierung und Automatisierung. Menschen konkurrieren auf neuen, teils unbekannten Marktplätzen gegeneinander, ihre Leistung hängt dann nicht nur vom Lernen ab, sondern vom finanziellen Einsatz, wer es sich leisten kann, erkauft sich neue Fähigkeiten.

„Wir müssen die Autonomie über unseren Kopf behalten - als Kreativraum, Privatsphäre des Denkens und Refugium des Bewusstseins.“

Miriam Meckel

6.2 Neuro-Enhancement und Brainhacking

Der technologische Fortschritt hat sich auf das Gehirn fokussiert, die Erwartungen an das menschliche Gehirn wachsen. Menschen sollen optimiert werden, das Denken wird berechenbar. Die Zukunft scheint denen zu gehören, die Hirnleistung mit Medizin und Technik verbessern und beschleunigen. Neurowissenschaften führen alles menschliche Verhalten auf die Gesetzmäßigkeiten der Aktivitäten von Nervenzellen zurück und die Art, wie sie im Gehirn organisiert ist. Neuroanthropologie, Neuropädagogik, Neurotheologie, Neuroästhetik und Neuroökonomie partizipieren von Erkenntnissen der Hirnforschung, dem Einblick in das akut denkende und fühlende Gehirn. Neuro-Enhancement könnte helfen, menschliche Gehirne mit immer besserer Technik zu optimieren. Mit Implantaten und Antennen beispielsweise, die ins Gehirn operiert werden, könnten und sollten Leistungsfähigkeiten verbessert werden.

Der Drang zur Perfektion- auf Noten- und Leistungssystem hin geeicht- ist dem Menschen eigen und erscheint in der digitalen Welt grenzenlos. Die digitale Vernetzung in der smarten Welt und die technische Gestaltung von Gesellschaft und Wirtschaft lassen den analogen Menschen als größtmögliche Fehlerquelle erscheinen: Nicht effizient genug, nicht schnell genug, un-

vollkommen und gegenüber Anforderungen immer schneller laufender Informationen und maschinengestützter Entscheidungen fast hilflos. Man glaubt, besser, schneller, schöner, gescheiter, cooler sein zu müssen, als man tatsächlich ist. Wenn man nicht auffällt, wird man nicht wahrgenommen. Verfehlt man seine Wirkung, droht man aus den Netzwerken zu kippen, die den Erfolg garantieren.
Die Angst, ständig etwas zu verpassen, könne zu Unruhe, Nervosität, Konzentrationsproblemen führen. Wer dauernd auf sein Handy schaue, werde aus allem herausgerissen und sei schrecklich unproduktiv, meint Diplompsychologe Rolf Merkle.

Amerikanische Wissenschaftler haben einen neuen Begriff geprägt: „Fomo“, „Fear of missing out“, die Angst, etwas zu verpassen, ständig dabei sein zu müssen

Eine neue Bewusstseinsindustrie erhofft sich aufgrund dieser Erkenntnisse einen Milliardenmarkt. Mit der Entdeckung der Neuroplastizität des Gehirns, der dynamische Formbarkeit von Gedächtnisprozessen aufgrund Nervenzelleneubildungen bis ins hohe Alter, machte die Hirnforschung einen Riesenschritt in die menschliche Zukunft, die in der heutigen neuen Bildgebungstechnologie vorerst ihren Höhepunkt erreicht hat. Modernste Bildgebungsalgorithmen erzeugen farbige Bilder mit hoher Anschaulichkeit und

Suggestivkraft, Auslöser einer ‚Neuromythologie' mit überzogener Deutungsmacht der Neuroimagings[23] , von der Pharmaindustrie genutzt und gefördert im Blick auf eine Expansion des Marktes für Psychopharmaka.

Großzügige Verschreibung von Psychostimulantien, Tranquilizern, Antidepressiva, Neuroleptika u.a. -gezielte Hirnstimulationen- versprechen ein Megageschäft.

Die hohen Erwartungen mit hochspezifischen und damit nebenwirkungsarmen Medikamente biologische Abläufe von psychischen Störungen zu begegnen, haben sich aber nur ansatzweise realisiert.

So erfährt die neurodegenerative Erkrankung ‚Parkinson' beispielsweise eine neue technologische Behandlung:

Mit der ‚Tiefen Hirnstimulation', auch Hirnschrittmacher genannt, wird die Gehirnaktivität des Patienten aufgezeichnet und an ein neuroprothetisches Gerät übermittelt. Durch die pausenlose Überwachung der Gehirnaktivitäten im

---

[23] Vgl. https://de.wikipedia.org/wiki/Neuroimaging „Neuroimaging (englisch Bildgebung des zentralen Nervensystems) bezeichnet die medizinische Abbildung des Nervensystems beim einzelnen Menschen und ist ein bildgebendes Verfahren. Sowohl Anatomie, dynamische Vorgänge wie Durchblutung oder Liquorfluss sowie Funktion können bildhaft dargestellt werden".

geschlossen Regelkreis wird das Stimulationssignal permanent den Symptomen angepasst. Behandlungen mit der ‚Tiefen Hirnstimulation' versprechen eine höhere Lebensqualität, als solche mit einer Medikamententherapie.

Von der Pharmaindustrie mitfinanzierte und mitgesteuerte professionell organisierte Kampagne zur Behandlungssaufklärung sorgte für eine vermeintlich veränderte höhere Behandlungsbedürftigkeit von Menschen in ihrer Selbstwahrnehmung, viele ‚Normalitäten' erfahren einen Paradigmenwechsel, die Folge der Deutungsmacht der Hirnforschung.
Das ‚Ich" als Marke gilt es im World Wide Web in perfekter Präsentation und Vermarktung umzusetzen Ein Zwang zur ständigen Selbstoptimierung und -kontrolle seiner Außendarstellung verhindert das Abgleiten in die Bedeutungslosigkeit: Updaten wird Pflicht. Um seine Wirkung zu erhöhen, tuned sich das Individuum auf.

„Die Menschheit wird nicht Millionen von Jahre passiv darauf warten, dass die Evolution ihr ein besseres Gehirn anbietet.“

Corneliu E. Giurgea, Psychopharmakologe,und Neuropharmakologe

6.3 Transhumanismus

Verfechter einer Ideologie unbegrenzter technologischer Machbarkeit spekulieren, dass mit einer künstlichen Superintelligenz die Verschmelzung von Mensch und Maschine zu ‚ewigem' Leben realistisch erscheine.

Transhumanisten wollen durch technische oder biomedizinische Eingriffe über das Menschliche hinausgehen: Körper, Gehirn, Bewusstsein sind Bereiche der Einflussnahme durch Verstärkung, Verlinkung, Vernetzung mit dem Ziel des ‚optimalen Menschen'.

Neurotechnologie und ihre Seitenbereiche schreiten sowohl global wie exponentiell voran. Investitionen vergangener Jahre in die Bewusstseinsindustrie wurden durch ihre Ausweitung auf grundlegende Disziplinen wie Anatomie, Physiologie und Pharmakologie möglich und überdies durch den ökonomisch-industriellen Zusammenschluss von neuen Disziplinen wie Genetik, Nanowissenschaft, Cyberwissenschaft mit Anthropologie, Philosophie und Ethik.

Die nächste Evolutionsstufe der Menschheit soll den Homo sapiens ablösen, und das Leben im Universum auf eine neue Stufe heben: „Transhumanismus". Transhumanismus bedeutet den Anspruch, biologisch bedingte Begrenzungen zu überwinden, geistige, körperliche und emotionale Fähigkeiten des Menschen mithilfe von Wissenschaft und Technologie umfassend zu entgrenzen. Um die Bewusstseinskapazität um ein Vielfaches zu erhöhen, sollen erweiterte Gedächtnisleistung und möglicherweise Lerneffekte in kurzer Zeit erzielt werden, für die ein Mensch sonst ein halbes Leben brauchen würde.

Milliarden Dollar werden heute bereits in Umwandlungstechnologien des Menschen investiert, etwa in die Technologie der Manipulation der Telomere. Zellalterungsprozesse sollen aufgrund der Beeinflussung der Alterungsinformation verhindert werden.* Es ist ein kompromissloses Bekenntnis des Materialismus, der ultimative Triumph des Menschen über die Natur, so sehen es ihre Anhänger. Das gesamte Wissen der Menschheit, insbesondere Gentechnik, Nanotechnologie, Neurologie und Kybernetik werde sich in der „Singularität“ [24] fokussieren. Die

---

[24] Kurzweil,Ray, Menschheit 2.0: Die Singularität naht, 2013

*, die "Schutzkappen" der Chromosomen, (Bereiche der DNA, die keine Gene tragen) bewahren das Erbgut vor Kopierverlusten. Bei jeder Zellteilung geht ein Stückchen verloren, (wird kürzer) und Telomere müssen deswegen regelmäßig verlängert werden mithilfe des Enzyms Telomerase.

menschliche Existenz werde einen Quantensprung in der Evolution durchlaufen. Wir werden in der Lage sein, zu leben, solange wir wollen, so der Vordenker der Transhumanisten, Kurzweil.

Es sei nur eine Frage der Zeit, bis unsere Maschinen klüger seien als wir, meint der ‚Brainbuilder' Hugo de Gari, denn die Künstliche Intelligenz der Roboter (‚Artilects', artificial intellects) entwickele sich eine Million Mal schneller als die menschliche Intelligenz. Innerhalb der Diskussion biotechnischer Zukunftsvisionen ist Max-Planck-Forscher Jean-Jacques Hublin überzeugt, dass in unmittelbarer Zukunft die Veränderung des Embryonen-Genoms mittels Keimbahntherapie möglich sein werde und damit die Evolution des Gnoms beeinflusse. Befürworter- Wissenschaftler, Unternehmer und Politikerdes „Human Enhacement" sehen die Möglichkeit, die bisherigen physischen, kognitiven und auch geistigen Grenzen des Menschseins zu überschreiten. Mittels biotechnologischer Eingriffe wird das Ziel angestrebt, das Altern - und schließlich sogar den Tod abzuschaffen: Anwendung von Gehirn-Computer-Schnittstellen (Brain-Computer-Interfaces, BCI's), Implantate zur Steigerung kognitiver Fähigkeiten, Neural Engeneering zur allgemeinen Erweiterung menschlichen Bewusstseins und Cyborgisierung gesunder Körpergewebe, zur Steigerung der Widerstandsfähigkeit und Lebensdauer bis hin zur ‚Unsterblichkeit'.

Die Rüstungsindustrie partizipiert an der neuen Bewusstseinsindustrie, dynamisch und netzwerkorientiert.
In einer Vision des Pentagon für das Jahr 2020 erhofft man sich in der Rüstungsindustrie mit der Verbindung von Gehirn und Computer (brain-computer interfaces, BCIs) eine schnellere, tödliche und präzisere Kriegsführung. So beschäftigt sich die Forschungsagentur des Pentagon, die DARPA (Defense Advanced Research Projects Agency) damit, unter dem Titel des Forschungszweigs „Military Bioengeneering", Menschen für Erschöpfung, Schmerz und Stress unempfindlich zu machen – mit dem Ziel des „super soldier".

Dass das Eindringen von BCIs in alle Bereiche des Alltags aber keine Einbahnstraße zu umfassenderer, unmittelbarerer, schnellerer und komplexitätsfähigerer Beherrschung von Computern ist, sondern eine Gegenfahrbahn vom Computer ins Gehirn besitzt – also mit BCIs nicht nur Maschinen von Menschen ‚immateriell' steuerbar werden, sondern umgekehrt auch Gehirne einsehbar – wird meist verschwiegen. Dabei scheint gerade das ‚Gehirne-Durchleuchten' und ‚Gedanken- Hacken' der nächste logische Schritt in der ‚post-liberalen' Überwachungsgesellschaft zu sein."[25]

---

[25]Roland Benedikter: Gehirn-Computer-Schnittstellen: Gedanken hacken? In: Pop. Kultur und Kritik, Heft 4 Frühling 2014: 24-28. http://www.uni-

Man müsse den Menschen als ein *work in progress* ansehen, als jemanden, der sich selbst gestalten und weiterentwickeln könne, so weit, dass er möglicherweise nicht mehr derselbe sei und seine eigene Gattung auflöste. Welche Möglichkeiten sich auftäten, ließe sich nicht vorhersagen, so der Philosoph Stefan Lorenz Sorgner.[26] Mit der Manipulation eines Genoms steuert ein Mensch den anderen und zwingt diesem seine Definition von einem guten Leben auf. Dies ist in der Evolution im Sinn einer Ideologie vom ‚guten Leben' nicht vorgesehen, so Giovanni Maio, Medizinethiker. Ethische und anthropologische Überlegungen im Fall der Neurotechnik versetzten den Menschen potentiell in die Lage, sowohl die Welt umzubauen als auch sich selbst in seiner Existenz: Einerseits als Behandler und Gestalter, andererseits ebenso als Behandelter und Gestalteter. Menschen begännen Herr eigener biologischer Ausstattung zu werden und nähmen gleichsam ihr evolutionäres Schicksal in die eigene Hand: Ein emanzipatorischer Akt der Befreiung oder frevelhafter und anmaßender Verstoß gegen eine vorgegebene Ordnung?[27] Die

---

muenster.de/Ejournals/index.php/pop/article/view/1324/1257

[26] Stefan Lorenz Sorgner im Gespräch mit J. Innerhofer, DIE ZEIT N° 20/2013

[27] Vgl. Helmut Fink, Künstliche Sinne, gedoptes Gehirn, Neurotechnik und Neuroethik, 2010 mentis Verlag GmbH

Bewusstseinsindustrie will den Menschen entkörperlichen, um seine Freiheit zu steigern.

Auf Initiative von US-Präsident Barack Obama wurde hinsichtlich Steigerung des menschlichen Gehirns und Erkennensgewinnung („Cognitive Enhancement") „Brain“[28] etabliert mit dem Ziel, für mögliche Machbarkeit der ‚Umformung des Menschseins’ mit den unübersehbar verbundenen ethischen Problemen Verantwortung zu übernehmen.

Wir seien am Übergang von der Mensch-Maschine-Interaktion zur Mensch-Maschine-Konvergenz, so der Politikwissenschafter und Soziologe Roland Benedikter.

Das wichtigste wissenschaftliche Megaprojekt der ‚2045-Initiative’ [29] mit führenden Wissenschaftlern in Forschung und Entwicklung in den Bereichen anthropomorphe Robotik, Modellierung lebender Systeme und Modellierung von Gehirn und Bewusstsein, zielt auf die Entwicklung von Technologien, die es ermöglichen, die Persönlichkeit eines Individuums auf einen fortgeschritteneren nicht-biologischen Träger zu übertragen und das Leben bis zur kybernetische

---

[28] Vgl. http://braininitiative.nih.gov/ BRAIN 2025: A Scientific Vision, 6/2014

[29]Vgl. auch ANHANG 1

Unsterblichkeit zu verlängern; die ‚Initiative 2045' wurde von dem russischen Unternehmer Dmitry Itskov 2011 gegründet.

Nach der Vision des Transhumanismus werden die Menschen im radikalen Wandel der ‚conditio humana' in eine posthumane Epoche überführt, eine individuell und universal geprägte Eschatologie, um mithilfe der Wissenschaft und der Technologie die Kontrolle über die menschliche Evolution zu erlangen.

„Das Gehirn lässt sich nicht reproduzieren, aber man kann es möglichst gut nachbauen. Vor allem muss man sich unbedingt von dem Gedanken abwenden, dass man mit KI versucht, den Menschen nachzubauen. Denn dieser Gedanke führt zu falschen Annahmen, die an der Realität vorbeigehen. Vor allem die Annahme, Maschinen hätten irgendwann ein dem Menschen vergleichbares Selbstbewusstsein, führt komplett in die Irre. Das haben Maschinen einfach nicht – und werden es auch auf absehbare Zeit nicht bekommen. Wir wissen ja noch nicht einmal, wie das ICH beim Menschen funktioniert",

Chris Boos, Computerwissenschaftler, 2018

6.4 BRAINEX

Der Neurowissenschaftler Nenad Sestan von der Yale University in New Haven hat es mit seinem Team vermocht, geköpfte Gehirne von über 100 geschlachteten, also bereits toten Schweinen 36 Stunden durch Wiederherstellung der Blutzufuhr durch seine BrainEx-Technik am Leben zu erhalten. Demnach wäre es möglich, Gehirne nach dem Tod des Lebens am Leben erhalten oder Gehirntransplantationen vornehmen zu können, also Gehirne in einen neuen Ersatzkörper einzupflanzen. Prof. Sestan ist allerdings überzeugt, dass seine verwendeten Gehirne keinerlei Bewusstsein mehr besaßen. Sie hätten Elektroden auf der Gehirnoberfläche angebracht und sie an einem Elektroenzephalogramm angeschlossen, wo sie ablesen konnten, dass die EEG-Linie flach wie die eines tiefkomatösen Patienten verlief und keinerlei charakteristische Schwingungen eines Wachzustandes erkennbar waren, es fehlten Hinweise (Signale von Neuronen) auf irgendeine Form von Bewusstsein unter den ‚wiederbelebten' Gehirnen.

Erwiese sich die BrexitEx-Technik bei menschlichen Gehirnen als erfolgreich, wären Wissenschaftler imstande, dadurch neue Therapieverfahren für neurologische Erkrankungen zu entwickeln. Falls solche Gehirne ein Bewusstsein hätten, könnte die Technik von einzelnen Personen genutzt werden, um ihre Lebensspanne zu verlängern, oder würden für Menschen nicht

mehr einzelne Organe gesucht werden, sondern einen gesunden ganzen Körper ohne Gehirn.
Neurowissenschaftler wollen intensiver die komplexen Zusammenhänge innerhalb des Gehirns „ex vivo“ erforschen.
Sie glauben, dass zukünftige Technologien imstande sein könnten, das Konnektom eines konservierten Gehirns zu scannen, es ist das Netzwerk gesamter Nervenzellen eines Lebewesens, nicht statisch, sondern aufgrund der neuronalen Plastizität ständigen wechselwirkigen Veränderungen unterworfen.
Dieser digitale Hirnscan soll einem Roboter implantiert werden, der dann angeblich das Bewusstsein seines biologischen Vorgängers annimmt.
Mit dem verlustfreien Übertragen digitaler Daten wird es möglich, das ‚Leben' des Hirnscans beliebig zu verlängern, gleichgesetzt mit der Persönlichkeit des verstorbenen Menschen.
Der auf den Computer geladene Geist dieses Menschen wird dann den robotischen, virtuellen oder synthetischen Körper steuern, hoffen viele Wissenschaftler.[30]

---

[30] Der italienische Neurochirurg Sergio Canavero und sein 150-köpfigen OP-Team kündigten für das Frühjahr 2018 die erste Kopftransplantation beim Menschen in China an; er hatte den Kopf eines Freiwilligen auf den Körper eines hirntoten Spenders verpflanzen wollen, ihm wurde jedoch eine Absage erteilt.

Das Verständnis von Leben und Tod müsste demzufolge neu definiert werden.
Das Erliegen der Hirnfunktionen wäre dann nicht mehr endgültig, eine Revision des Begriffs ‚Tod' dann aber dringend geboten.
Führende US-Neurowissenschaftler mit Prof. Sestan halten eine klare Regelung erforderlich, an die sie sich bei ihren Forschungsarbeiten orientieren können. „Wenn Forscher im Labor Hirngewebe erzeugten, das scheinbar bewusste Erfahrungen oder subjektive Phänomene aufweise, verdiente dieses Gewebe dann eines der Schutzmaßnahmen, die standardmäßig bei Menschen oder Tiere angewendet werden?", fragt Sestan in der renommierten Fachzeitschrift ‚Nature', Mai 2018.
Da das Gehirn nicht irgendein Organ ist, sondern Sitz des Bewusstseins, die ‚Seele', die Persönlichkeit eines Menschen, werden ethische Fragen unerlässlich.
Ergebnisse moderner Hirnforschung sind aber nicht nur Markt anlagesüchtigen Kapitals, narzisstischer Autoren und profilsüchtiger Wissenschaftler.
Die durch das bildgebende Verfahren, der ‚Neuroscans', möglich gewordene Einsichten in Funktionen und Strukturen des menschlichen Gehirns haben neue Fragestellungen zu den Bedingungen und Möglichkeiten menschlicher Existenz angeregt.

Die größte Gefahr sei aber eine völlig eigenständige künstliche Intelligenz, die ihre eigenen Ziele entwickele und gegen die menschliche Agenda arbeite, meint die polnische Wissenschaftlerin Aleksandra Przegalińska, Wissensachaftlerin am Massachusetts Institute of Technology (MIT).

„Wir sollten endlich aufhören, uns mit irgendwelchen Dystopien zu beschäftigen und stattdessen erkennen, dass Dinge wie Ethik und Moral auch weiterhin bei den Menschen liegen“,

Chris Boos, KI Pionier, 2018

7. Technologische Evolution und Resilienz

Die Digitalisierung prägt unser Verhalten stärker als jede andere technologische Revolution der vergangenen Jahrhunderte.

Keine Technologie ist an sich ersteinmal falsch, besser oder schlechter. Sie wird es aber, sobald sie auf die humane Lebenswirklichkeit trifft, sobald Menschen anfangen, mit ihr umzugehen. Das Medium bedeutet nicht Inhalt, aber das Medium beeinflusst den Inhalt. Wer den Algorithmus beherrscht, beeinflusst, kontrolliert und steuert das Bewusstsein und somit das Verhalten. Jede Verhaltensänderung gründet auf den drei Parametern: Motivation, Durchführungsfähigkeit und Auslöser. Präferenzen der Menschen werden letztlich gesteuert vom Streben nach Hoffnung, Suche nach Vergnügen, der Vermeidung von sozialer Zurückweisung und der Suche nach Anerkennung.

Der digitale Algorithmus und das Design des Mediums beeinflusst menschliches Verhalten.

Apps helfen z.B. den Gesundheitszustand zu verbessern, indem sie Herzratenvariabilität, den Puls und Bewegungsprofile zurückmelden; spezielle Lernprogramme erhöhen die Lernkurve, ständige kommerzielle Angebote erleichtern den Konsum.

Ein wesentlicher Aspekt ist, dass nicht konstante Anreize, sondern variable Belohnungen entscheidend sind, um menschliches Verhalten

nachhaltig zu verändern. Sie gehören zu den wohl machtvollsten psychologischen Instrumenten, um Verhalten zu modifizieren oder auch zu manipulieren. Der Verhaltensforscher Skinner hatte erstmals aufgedeckt, dass nicht die reale variable Belohnung, sondern die Erwartungshaltung, bevor die Belohnung eintritt, zur Ausschüttung von Dopamin führt, die Verhaltensveränderungen auslöst.
Solche variablen Belohnungen spielen im Umfeld der digitalen Welt eine wichtige Rolle. Bei jeder E-Mail-Abfrage, jeder Twitter-, Facebook- oder Smartphone-Kontrolle, bei Computerspielen oder der sogenannten Gamification geht es um solche Effekte. Die bloße Erwartungshaltung reicht schon aus, um gewissermaßen abhängig zu werden. Behavioral Designer verstehen menschliches Verhalten, messen menschliches Verhalten und verändern menschliches Verhalten. Ihr Anliegen ist, dass Anbieter Ihren Nutzern zu einem funktional wie emotional möglichst optimalem Nutzungserlebnis verhelfen wollen und sich gleichzeitig gegenüber dem immer stärkeren Wettbewerb abgrenzen und diesen dominieren.

Digitalisierung ist nicht immer gleich Fortschritt. Wenn es um langweilige, monotone, mechanische und körperlich belastende Tätigkeiten geht, dann ist sie wohl sinnvoll. Wenn aber Menschen in ihren Fähigkeiten entprofessionalisiert werden, ist sie eher ein Rückschritt.

Der richtige oder auch falsche Umgang mit Technologie hängt unter anderem mit dem zusammen, was Psychiater Exekutivfunktionen nennen.
Unter dem Begriff Exekutivfunktionen werden verschiedene Fähigkeiten zusammengefasst: die Fähigkeit zum zielgerichteten Handeln, zur Vorwegnahme von Problemkonstellationen, zur Priorisierung von Fragestellungen, strategisches Vorgehen, die Fähigkeit zur Impulskontrolle, zur Aufmerksamkeitslenkung, die Fähigkeit, Wünsche und Bedürfnisse aufzuschieben sowie die Fähigkeit zum Perspektivenwechsel, zu Empathie und zu sozialen Kompetenzen.
Diese Fähigkeiten sind nicht das unmittelbare Ergebnis einer Verarbeitung von Sinneswahrnehmungen wie beim Riechen, Schmecken, Tasten, Sehen und Hören. Es findet ein inneres Probehandeln, eine gelenkte Fantasietätigkeit statt vor einer sensomotorischen oder sprachlichen Reaktion.
Exekutivfunktionen sind spezifisch für menschliches Dasein, für ein sinnvolles Leben hinsichtlich Autonomie und Selbstständigkeit, Selbstwahrnehmung, Selbststeuerung der Lebensführung, Leistungsfähigkeit und Handlungsplanung. Der Umgang mit digitalen Medien wird wesentlich über diese Hirnregionen gesteuert, Menschen mit ausreichenden Exekutivfunktionen besitzen auch eine ausreichende Fähigkeit, sich hier zu behaupten.

Soziales Lernen, Empathiefähigkeit, Rollenwechsel usw. können durch die Digitalisierung nicht erlernt werden, aber gegebene Sozialkontakte durchaus ergänzt, unterhalten und gegebenenfalls auch verbessert werden.
Eine zunehmende Verunsicherung breitet sich in der immer komplexer werdenden Welt aus, die durch eigenes Handeln aufgrund fehlender Orientierung kaum noch beeinflussbar ist. Ein neurobiologisch fundierter innerer Kompass versetze uns in die Lage, sich nicht in der Vielfalt der äußeren Anforderungen und Zwänge in der hochkomplexen Welt zu verlieren. Es sei wichtig, die Wahrnehmung der eigenen Würde zu stärken, denn wer sich seiner Würde bewusst sei, sei nicht verführbar, so der Hirnforscher Gerald Hüther.[31] Denn Würde sei nicht allein ein ethisch-philosophisch begründetes Menschenrecht (Artikel 1 des Grundgesetzes „Die Würde des Menschen ist unantastbar").

Menschen nutzen nicht zunehmend mehr, sondern immer weniger der möglichen Kapazitäten ihres Gehirns, wodurch immer früher die dem Alter zugeschriebenen Abbauprozesse beginnen. Der Begriff der ‚Digitalen Rationalisierung' des Gehirns beschreibt die aktuellen Abbauvorgänge

[31] Gerald Hüther, „Würde - Was uns stark macht - als Einzelne und als Gesellschaft," Knaus 2018

der intellektuellen Ressourcen durch die fortschreitende Digitalisierung der Lebens-und Arbeitswelten, die zwar den Alltag durch digital hochgerüstete Einrichtungen erleichtern, aber kaum noch größere geistige Anstrengungen verlangen.

„Im Gehirn behindert die digitale Beschleunigung die neuronale Sequenzbildung und die neurochemische Kommunikation zwischen den Zellgruppen, die der Übertragung von Erregungsmustern auf entfernt gelegene Nervennetze dienen. Das erzeugt kognitive Impotenz“, Teuchert-Noodt, 2017

Die Fähigkeiten der Gesellschaft, Störungen zu begegnen, Fähigkeiten des Widerstandes, der Anpassung oder Robustheit zu entwickeln, die psychische Widerstandsfähigkeit zu verstärken, wird als Resilienz bezeichnet.
Gesellschaftliche Transformationen in Form stattfindender massiver technologisch-digitaler Veränderungen erreichen Menschen oft unvorbereitet und heftig: internalisierte kulturelle Praktiken, Denk- und Lebensgewohnheiten, Wahrnehmungsmuster sowie politische und ökonomische Machtkonstellationen.
In Bezug auf steigende Anforderungen des Arbeitslebens - erhöhter Ansprüche an Schnelligkeit (Multitasking), Professionalität und Akkuratesse - sind Menschen zunehmend gestresst, entwickeln Depressionen und leiden unter

Burnout-Syndromen. Akutes Erschöpfungssyndrom scheint signifikant für eine überforderte Leistungsgesellschaft zu sein, psychische Erkrankungen entwickeln sich zur Volkskrankheit. Depression, Angst und Aufmerksamkeitsstörungen sind Folgen einer Signalüberflutung, eine Überforderung, Reize zu verwerten und /oder diesen sich zu entziehen. Zunehmend mehr Menschen werden Opfer von Unzulänglichkeitsgefühlen, um vor anderen und vor allem vor sich selbst bestehen zu können und sind sichtbar in Erschcinungsformen wie vermindertes Selbstwertgefühl, Konzentrationsschwäche, Schlafstörungen, Abhängigkeiten, Imitationsstreben, mentale Manipulation etc.

Das individuelle Streben nach Glück wird von der Angst des Scheiterns der Anstrengungen überschattet, am Leiden des Unerreichbaren des Ideals.
Alain Ehrenbergs [32] Begriff „fatigue d'être soi“ umschreibt das gesellschaftliche Phänomen als ‚Müdigkeit', man selbst zu sein.
Fortwährend zwischen wichtigen und unwichtigen Informationen zu entscheiden, hat neurobiologische Auswirkungen. Der Kognitionspsychologe Roy Baumeister nennt es „Ich-

Vgl. Ehrenberg, Alain, „ Das erschöpfte Selbst: Depression und Gesellschaft in der Gegenwart“, Campus 2015

Erschöpfung“: Dort das Internet, das universelle, global vernetzte digitale Gedächtnis mit seinem unüberschaubaren Informations- und Wissensangebot und hier der begrenzte Mensch mit seinen limitierten Verarbeitungskapazitäten.

Unternehmen investieren mittlerweile mit entsprechenden Schulungen, Kräfte der Resilienz zur Vorzubeugung von Erkrankung zu stärken mit dem Ziel, die Produktivität der Belegschaft zu erhalten oder sogar zu erhöhen. Nur ein resilienter Mitarbeiter ist ein rentabler Mitarbeiter.
Da Widerstandskraft nicht naturgegeben ist, liegt der zentrale Ansatz zu mehr Widerstandskraft weitgehend in der Selbstreflexion. Was in der Vergangenheit eher ein Stigma war, sich psychologische Hilfe zu holen und das auch offenzulegen, erscheint inzwischen salonfähig anerkannt zu sein.
Digitale Medien und ihre intensive Nutzung (Computer, Smartphones, Digital-TV usw.) verändern den Alltag und das Gehirn: Wahrnehmungsgewohnheiten, Konzentration, Erinnerungsvermögen, Lernfähigkeit und soziale Kompetenz sind davon gleichermaßen betroffen.
Das Stirnhirn leidet also unter der Reizüberflutung und sprunghafter Aufmerksamkeit.
Dieser frontale Cortex ist der Bereich im Hirn, wo Netzwerke liegen, mit deren Hilfe man sich in andere Menschen hineinversetzen kann, Handlungen plant, Frustrationen auszuhalten lernt, Impulse kontrolliert. Hirnforscher können mit

Studien im Tomografen Einflüsse in neuronale Strukturen messen und teils sogar sichtbar machen, so der Göttinger Neurobiologe Gerald Hüther.
Zur Widerstandsfähigkeit einer offenen, zukunftsfähigen Gesellschaft (resilienten Gesellschaft) müsste ein Ausgleich zwischen Sicherheits- und Freiheitsdenken, zwischen technischer Innovation, politischen Sachzwängen und gesellschaftlichen Ängsten geschaffen werden. Die gesellschaftliche Sicherheit erscheint bedroht aufgrund der zunehmenden, verstärkten Virtualisierung der Kommunikation im Cyberspace und Verschmelzung mit der realen Welt.
Robotische und neurotechnologische Systeme und andere, zukünftige Potenziale disruptiver Technologien sind immer Spiegelbilder, Karikaturen oder utopische Gegenentwürfe zum Menschen, aber sie sind immer vom Menschen aus gedacht. In der wirklich ultimativen Zukunftsbeschreibung generieren sich Roboter selbst, aber die beiden Begriffe - KI und die Bewusstseins-Begabung – sind die entscheidenden Unterscheidungen aller bisher denkbaren Forschungsergebnisse: Das Gehirn mit dem menschlichen Bewusstsein ist exzellent, unübertrefflich.

Technologische Machbarkeit als Erweiterung und Erleichterung der analogen Welten verhilft der menschlichen Evolution auf ein neues Niveau. Da Menschen aber über den Algorithmen und Maschinen stünden, brauche man einen „neuen Humanismus“, so Jaron Lanier.

„Ein Brain-Computer-Interface ist keine Einbahnstraße. Da wird es nicht nur darum gehen, durch das Gehirn Technik zu kontrollieren. Sondern man könnte natürlich auch Informationen, Dinge ins Gehirn hineinbringen. Ja wir hätten dann eine Verschmelzung zwischen Mensch und Technik auf Bewusstseinsebene",

Bertolt Meyer, Wirtschaftspsychologe, TU Chemnitz

8. GESAMTSICHT

Internationale Wissenschaftler, Tech-Pioniere, aber auch Ethiker und Psychologen ‚basteln' an digitalen Zukunftsentwürfen.
Mini-Roboter (Nano-Bots), die selbstständig den Körper checken, Medizin an die richtige Stelle bringen, Patienten von innen wieder zusammenflicken und große OPs durchführen, die Zellen unseres Immunsystems anregen, Erreger bekämpfen oder gar selbst Krebszellen in den Selbstmord treiben, sind Forschungsziele zur Verbesserung und Selbstreparatur und teilweise schon Ergebnisse der Neurotechnologie und Biotechnologie. Weitere große Fortschritte in der Pharmakologie, in der Gentechnologie und im Einsatz von Stammzellen werden erwartet: Optimierung kognitiver und physischer Leistungsfähigkeit des Menschen.

Mit dem „Homo Digitalis" - die Ablösung des Homo sapiens- stehen nicht nur technische Aspekte im Vordergrund, sondern insbesondere auch psychologische und ethische Auswirkungen dieser gewaltigen Veränderungen: Was wird die digitale Revolution mit Menschen machen? Welche Akteure steuern das Leben: Staat, Konzerne, autonome Maschinen, eine selbsternannte Elite: schlau, schön, reich und mit upgegradetem Gehirn?

Das veränderte Sozialverhalten der Menschen durch digitale Technologie ist heute schon spürbar. Menschen kommunizieren in Echtzeit überall auf der Welt miteinander, wann immer sie wollen, nicht nur mit Menschen sondern zusehends auch mit digitalen Begleitern: Sprachroboter und Software auf dem Smartphon, Messenger, Videochats und andere, auf Befehl abschaltbar. Werden gewisse Gewohnheitseffekte internalisiert im Umgang und im Kontakt mit digitalen Assistenten dann auch auf andere Menschen übertragen, ‚weggcklickt'?
Das revolutionäre Potenzial der Technologie ist riesig und möglicherweise in sensiblen Bereichen unbeherrschbar; die Politik ist deswegen dringend in der Pflicht, Visionen zu entwickeln, um gesellschaftliches Leben zu gestalten. Gesellschaftsutopien darf man nicht Investoren in unregulierten Märkten überlassen.
"Im 21. Jahrhundert werden wir wirkmächtigere Fiktionen und totalitärere Religionen als jemals zuvor schaffen. Mit Hilfe von Biotechnologie und Computeralgorithmen werden diese Religionen nicht nur jede Minute unseres Daseins kontrollieren, sondern auch in der Lage sein, unseren Körper, unser Gehirn und unseren Geist zu verändern und durch virtuelle Welten zu erschaffen[33]"

---

[33] Yuval Noah Harari, "Homo Deus", Eine Geschichte von Morgen, C.H.Beck, 2018

Mit der wachsenden Selbstermächtigung avanciere der Mensch zum Homo Deus und das neue Glaubenssystem des Dataismus löse die humanistischen Größen Individualismus, Seele, freier Wille ab. Der Mensch verliere zunehmend die Kontrolle und delegiere Entscheidungen an Algorithmen, er drohe obsolet zu werden, so Harari.

Die internationale Bewusstseinsforschung mutiert zur globalisierten Bewusstseinsindustrie. Supersmarte Maschinen, autonom aber seelenlos, losgelöst vom Bewusstsein und Gewissen, degradieren das Individuum zu einem Chip im Computernetz; infolge der individualisierten Stimulation des Gehirns mittels Algorithmen mit selbstlernenden Programmen droht das Ende des Menschen als autonomes Wesen.
Einer marktbeherrschenden Bewusstseinsindustrie wird es gelingen, neuro – und biotechnologische Entwicklungsergebnisse mit menschlichem ‚Ich' zu verschmelzen. Das Entstehen eines ‚anderen Ichs' kann Gewinn neuer Lebensqualität bedeuten, aber auch der Verlust der Menschlichkeit wäre als mögliches Ende des Humanismus mit den kulturellen und ethischen Errungenschaften denkbar: Persönliche Würde und Unverletzlichkeit, Menschenrechte, Individualität, Autonomie und damit auch Demokratie.

Da der Mensch aber so viel mehr ist als die Summe seiner erworbenen und zugeführten Daten, muss er die neuen Technologien, Autonomie bewahrend, im Blick auf Kreativität, Freiheit, Sicherheit und Gerechtigkeit zukunftsfähig instrumentalisieren.
In den Neurowissenschaften wird das Gehirn als selbstorganisierender Erfahrungsspeicher betrachtet, flexibel auf sich verändernde Umwelten zu reagieren Das Gehirn besitzt die Fähigkeit aufgrund der Erfahrungen, die der Organismus im Laufe des Lebens macht, seine Struktur zu ändern, so dass es letztendlich sich selbst und sein Verhalten auf der Basis seiner eigenen Biografie organisiert, im Sinn des permanten Aufnehmens, Bewertens und Beantwortens pausenlos ankommender Eindrücke und Informationen. Im Gehirn ist demzufolge keine oberste Schalt – und Steuerzentrale bzw. kein Steuerungszentrum, sondern vielmehr ein spezialisiertes Überlebensorgan, das Leben initiiert und aufrechthält- welche technologische Evolution soll dies jemals zu leisten vermögen – ein Avatar möglicherweise, aber doch von einem analogen menschlichen Geist zu Diensten der Menschen erschaffen.

"Das Problem des Bewusstseins bildet heute - vielleicht zusammen mit der Frage nach der Entstehung unseres Universums - die äußerste Grenze des menschlichen Strebens nach Erkenntnis."

Thomas Metzinger

9. ANHANG 1

Ein Appell von Teilnehmern des Zweiten Internationalen Globalen Zukunftskongresses 2045 an den Generalsekretär der Vereinten Nationen, Ban Ki-moon
11. März 2013

Herr Generalsekretär,
Wir, Wissenschaftler, Persönlichkeiten des öffentlichen Lebens und Wirtschaftsführer aus Russland, den USA, Großbritannien und Kanada sowie Teilnehmer des Kongresses "Zweite internationale globale Zukunft 2045" (15. - 16. Juni 2013, New York) möchten Sie darauf aufmerksam machen Anzahl der schwerwiegenden Probleme.
Die Welt steht an der Schwelle des globalen Wandels. Die ökologischen, politischen, anthropologischen, wirtschaftlichen und anderen Krisen verschärfen sich. Kriege werden geführt, Ressourcen sinnlos verschwendet und der Planet verschmutzt. Die Gesellschaft erlebt eine Krise der Ziele und Werte, während Wissenschaft und Technologie beispiellose Aufstiegschancen bieten. Die nationalen Führer konzentrieren sich weiterhin auf die kurzfristige innere Stabilität, ohne den Möglichkeiten für die Zukunft der Zivilisation genügend Aufmerksamkeit zu schenken.

Die Menschheit steht vor dieser Entscheidung: Sie muss sich in den Abgrund der globalen Erniedrigung begeben oder ein neues Modell der Entwicklung finden und verwirklichen, ein Modell, das das menschliche Bewusstsein verändern und dem Leben einen neuen Sinn geben kann.
Wir glauben, dass die Menschheit, um auf eine neue Stufe der menschlichen Evolution zu gelangen, eine wissenschaftliche Revolution braucht, die mit bedeutenden spirituellen Veränderungen verbunden ist, die untrennbar miteinander verbunden sind, sich ergänzen und gegenseitig unterstützen. Der Vektor der zukünftigen Entwicklung durch den technologischen Fortschritt sollte die Entwicklung des Bewusstseins der Menschheit, des Individuums und der Gesellschaft unterstützen und der Übergang zur Neo-Menschlichkeit sein.
Diese Art von Forschung wird auf dem Kongress " Global Future 2045" diskutiert. Modernste Technologien werden vorgestellt, von denen viele bereits entwickelt und verbessert wurden, aber noch nicht für die Menschen verfügbar sind, die sie brauchen.
Die Schlüsselkomponenten dieser Studien sind:
1. Die Konstruktion anthropomorpher Avatar-Roboter - künstliche Körper.
2. Die Schaffung von Telepräsenz-Robotersystemen für die Fernsteuerung von Avataren.

3. Die Entwicklung von Gehirn-Computer-Schnittstellen zur direkten mentalen Kontrolle eines Avatars.

Anwendungen:
- Rehabilitation von Behinderten;
- Ersatz von Personen, die unter gefährlichen Bedingungen arbeiten, oder von Personen, die bei Friedenssicherungsmissionen usw. mit der Säuberung beauftragt werden;
- Telepräsenztechnologien für die persönliche und geschäftliche Kommunikation sowie für den Tourismus.
Die erfolgreiche Weiterentwicklung der oben genannten drei Studien wird voraussichtlich zu weiteren Durchbrüchen führen, darunter:

4. Entwicklung von Life-Extension-Technologien mit Lebenserhaltungssystemen für das menschliche Gehirn, integriert mit einem künstlichen Avatar-Körper.
(Hinweis: Gemäß der Global Trends 2030-Prognose des US National Intelligence Council können Menschen, die die Fortschritte der Gliedmaßentechnologie nutzen, ihr körperliches Selbst verbessern, wie es heute bei der kosmetischen Chirurgie der Fall ist.)
Anwendung: Die signifikante Verlängerung des Lebens von Individuen, deren biologische Körper ihre Ressourcen erschöpft haben.

5. Eine Untersuchung der Hauptprinzipien der Funktionsweise des menschlichen Gehirns und die Schaffung eines funktionalen Modells.

6. Entwicklung von Prothesen für Teile des menschlichen Gehirns .

7. Schaffung eines völlig künstlichen Äquivalents des menschlichen Gehirns .

8. Eine Untersuchung des menschlichen Bewusstseins und der Möglichkeiten für seine zukünftige Verkörperung in einem nicht-biologischen Substrat .
Anwendungen:
- Behandlung von degenerativen Erkrankungen und Traumata des Gehirns;
- Erforschung von Regionen des Weltraums, die dem biologischen Menschenleben feindlich gegenüberstehen;
- radikale Erweiterung des menschlichen Lebens bis zur Unsterblichkeit.
Teilnehmer des Global Future 2045 Kongresses sind Wissenschaftler, Philosophen, Vertreter verschiedener Religionen, Persönlichkeiten des öffentlichen Lebens, Wirtschaftsführer und Philanthropen. Wir werden die realistische Natur der Avatar-Technologien demonstrieren und ein neues wissenschaftliches Megaprojekt starten, das die Grundlage einer neuen evolutionären Strategie für die Menschheit bilden wird. Diese Erkenntnis wird es ermöglichen, viele Probleme

der Gesellschaft ein für allemal zu lösen, die biologischen Grenzen des Menschen zu überwinden und eine neue Zivilisation mit hoher Ethik, Kultur, Spiritualität, Hochtechnologie und Wissenschaft zu schaffen.
Diese neue Strategie sollte eine Alternative zu national fokussierten Ideologien werden, die Bewohner unseres Planeten in Bürger der Erde verwandeln und Nationen zusammenbringen, so dass es für jeden Bürger Sinn wird, hohen Idealen und Prinzipien zu dienen und eine ständige Selbstverwirklichung zu verfolgen .
Um diese wichtige Aufgabe zu erfüllen, ist Ihre Unterstützung der Schlüssel für uns. Wir laden Sie ein, persönlich am Kongress teilzunehmen oder einen schriftlichen oder schriftlichen Aufruf an die Teilnehmer zu senden.
Wir glauben, dass die Generalversammlung der Vereinten Nationen in naher Zukunft versammeln wird, militärische Konflikte nicht zu regulieren, sondern Staatsoberhäuptern und Führern nationaler und transnationaler Organisationen zu empfehlen, die Strategie für den Übergang zur Neo-Menschlichkeit zu verwirklichen.
Unterzeichnet von:
Dmitry Itskov - Gründer der Initiative 2045 . Präsident des Kongresses Global Future 2045 .
Ray Kurzweil - Director of Engineering, Google; Futurist und Erfinder, Mitbegründer der Singularity University und Autor von How to Create a Mind .

Dr. James Martin - Britischer Autor und Unternehmer und der größte individuelle Wohltäter der Universität von Oxford in seiner 900-jährigen Geschichte und 20 weitere Wissenschaftler, Forscher und Personen des öffentlichen Lebens.

Vgl. auch http://www.epb.uni-hamburg.de/erzwiss/lohmann/Publik/Lohmann_Menschenverbesserung.pdf

ANHANG 2

Ergebnisse der BLIKK Studie 2017
Gemeinsame Pressemitteilung Berlin, 29. Mai 2017

Übermäßiger Medienkonsum gefährdet Gesundheit von Kindern und Jugendlichen Drogenbeauftragte fordert mehr „digitale Fürsorge"
Die Möglichkeiten und Chancen der Digitalisierung stehen außer Frage. Doch die Digitalisierung ist nicht ohne Risiko, zumindest dann, wenn der Medienkonsum außer Kontrolle gerät: Die Zahlen internetabhängiger Jugendlicher und junger Erwachsener steigen rasant - mittlerweile gehen Experten von etwa 600 000 Internetabhängigen und 2,5 Millionen problematischen Nutzern in Deutschland aus. Mit der heute vorgestellten BLIKK-Medienstudie werden nun auch die gesundheitlichen Risiken übermäßigen Medienkonsums für Kinder immer deutlicher. Sie reichen von Fütter- und Einschlafstörungen bei Babys über Sprachentwicklungsstörungen bei Kleinkindern bis zu Konzentrationsstörungen im Grundschulalter. Wenn der Medienkonsum bei Kind oder Eltern auffallend hoch ist, stellen Kinder- und Jugendärzte weit überdurchschnittlich entsprechende Auffälligkeiten fest.
Dazu die Drogenbeauftragte der Bundesregierung, Marlene Mortler: „Diese Studie ist ein absolutes Novum. Sie zeigt, welche gesundheitlichen Folgen Kinder erleiden können, wenn sie im digitalen Kosmos in der Entwicklung eigener Medienkompetenz allein gelassen werden, ohne die Hilfe von Eltern, Pädagogen sowie Kinder- und Jugendärzten. Für mich ist ganz klar: Wir müssen die gesundheitlichen Risiken der Digitalisierung ernst nehmen! Es ist dringend notwendig, Eltern beim Thema Mediennutzung Orientierung zu geben. Kleinkinder brauchen kein Smartphone. Sie müssen erst einmal lernen, mit beiden Beinen sicher im realen Leben zu stehen. Unter dem Strich ist es höchste

Zeit für mehr digitale Fürsorge – durch die Eltern, durch Schulen und Bildungseinrichtungen, aber natürlich auch durch die Politik."

Unter der Schirmherrschaft der Drogenbeauftragten und mit Förderung des Bundesministeriums für Gesundheit hat das Projekt „BLIKK - Medien" 5.573 Eltern und deren Kinder zum Umgang mit digitalen Medien befragt und gleichzeitig im Rahmen der üblichen Früherkennungsuntersuchungen die körperliche, entwicklungsneurologische und psychosoziale Verfassung umfangreich dokumentiert. Die Studie geht weit über die üblichen Befragungen zu Mediennutzung hinaus.

Die Ergebnisse wurden heute gemeinsam mit den Studienleitern im Ministerium vorgestellt. Dies sind der Direktor des Instituts für Medizinökonomie und medizinische Versorgungsforschung der Rheinischen Fachhochschule Köln, Prof. Dr. Rainer Riedel (Arzt für Neurologie/Psychiatrie, Psychotherapie) sowie Dr. med. Uwe Büsching, Kinder- und Jugendarzt und Vorstandsmitglied des Berufsverbands der Kinder –und Jugendärzte (BVKJ).

Institutsleiter Prof. Dr. Riedel dazu: „Als Fazit der Studie ergibt sich, dass der richtige Umgang mit den digitalen Medien, die durchaus einen berechtigt hohen Stellenwert in Beruf und Gesellschaft eingenommen haben, frühzeitig kontrolliert geübt werden soll. Dabei müssen soziale und ethische Werte wie Verantwortung, reale Kommunikation, Teamgeist und Freundschaft auf allen Ebenen der Erziehung gefördert werden. Kinder und junge Menschen sollen lernen, die Vorteile einer inzwischen globalen digitalen Welt zu nutzen, ohne dabei auf die Erlebnisse mit Freunden im Alltag zu verzichten."

Kinderarzt und Vorstandsmitglied des BVKJ, Dr. Büsching zu den Ergebnissen der Studie: „Die Sorge der Eltern, ein Kind möge die besten Bedingungen für sein zukünftiges Leben vorfinden, gilt ebenso für Kinder- Jugendärzte. Mit vorschneller Verordnung von Ergo- oder Sprachtherapie allein lassen sich Gefahren nicht abwenden. Gerade, wenn das Verhalten oder die Entwicklung auffällig ist, sollte immer auch ein unangebrachter Umgang der Eltern wie der Kinder mit Medien in Betracht gezogen werden. Eine Medienanamnese und eine qualifizierte Medienberatung muss zukünftig die Früherkennungsuntersuchungen ergänzen."

Die wesentlichen Ergebnisse im Überblick:

70 % der Kinder im Kita-Alter benutzen das Smartphone ihrer Eltern mehr als eine halbe Stunde täglich.

Es gibt einen Zusammenhang zwischen einer intensiven Mediennutzung und Entwicklungsstörungen der Kinder

Bei Kindern bis zum 6. Lebensjahr finden sich vermehrt Sprachentwicklungsstörungen sowie motorische Hyperaktivität bei denjenigen, die intensiv Medien nutzen

Wird eine digitale Medienkompetenz nicht frühzeitig erlernt, besteht ein erhöhtes Risiko, den Umgang mit den digitalen Medien nicht kontrollieren zu können

FACT-SHEET-Pressetermin 29.05.2017 im BMG

Cluster U3-U6 (1 Monate bis 1 Jahr): Signifikante Zusammenhänge Fütter- und Einschlafstörung des Säuglings, wenn die Mutter während der SäuglingsBetreuung• parallel digitale Medien nutzt Hinweise auf Bindungsstörung

Cluster U7-U9 (2 J. bis 5 J.): Signifikante Zusammenhänge: Motorische Hyperaktivität / Konzentrationsstörungen in Verbindung mit der Nutzung• von digitalen Bildschirmmedien durch Kinder Sprachentwicklungs-Störungen in Verbindung mit täglicher digitaler Bildschirmnutzung• der Kinder 69,5% können sich weniger als zwei Stunden selbständig beschäftigen ohne die Nutzung• von digitalen Medien Verhalten: Unruhe, Ablenkbarkeit (als wichtiges Kriterium psychische Auffälligkeit)•

Cluster U10 – J1 (8 J. bis 13 J.): Signifikante Zusammenhänge (U10-J1): motorische Hyperaktivität/ Konzentrationsschwäche in Verbindung mit einer erhöhten• digitalen medialen Nutzungsdauer von mehr als 60 Minuten (BZgA-Empfehlung bis zu 60 Min. digitale Nutzungszeit) Tägliche digitale Bildschirmnutzung• Erhöhter Genuss von Süßgetränken und Süßigkeiten♣ erhöhter BMI♣ Verhalten: Unruhe, Ablenkbarkeit, (als wichtiges Kriterium psychische Auffälligkeit)• (J1): Selbstauskunft der Jugendlichen anhand eines standardisierten Evaluationsbogens (SIAT) zur Erfragung des digitalen Mediennutzungs-Verhaltens: Ein nennenswerter Teil der befragten Jugendlichen gab an, Probleme zu haben, die eigene Internetnutzung selbstbestimmt zu kontrollieren und berichtet von negativen Konsequenzen ihrer Internetnutzung im Alltag. hieraus lässt sich ein erhöhtes Gefährdungspotential für die Entwicklung einer\ • digitalen Mediensucht für Jugendliche ableiten

Fact-Sheet Prof. Dr. Riedel/ Dr. Büsching / Prof. Dr. Brand

10. QUELLEN

Benedikter, Roland Gehirn-Computer-Schnittstellen: Gedanken hacken? In: Pop. Kultur und
Kritik, Heft 4 Frühling 2014: 24-28
Arbeitskreis Wissenschaft und Verantwortlichkeit (WuV)
„Transhumanismus -Unterwegs zum „neuen Menschen"? Die
Verschmelzung von Natur, Mensch und Maschine" , Innsbruck 2018
„Globale Bewusstseinsindustrie" Sind wir auf dem Weg zum
Maschinenmenschen? Telepolis, 2013

Ehrenberg, Alain, „ Das erschöpfte Selbst: Depression und Gesellschaft in der Gegenwart", Campus 2015

Harari, Yuval Noah, "Homo Deus", Eine Geschichte von Morgen, C.H.Beck, 2018

Hofstetter, Yvonne, „Das Ende der Demokratie: Wie die künstliche Intelligenz die Politik übernimmt und uns entmündigt", C Bertelsmann Verlag 2016

Hüther, Gerald, „Würde - Was uns stark macht - als Einzelne und als Gesellschaft"
Knaus 2018

Fink, Helmut, „Künstliche Sinne, gedoptes Gehirn, Neurotechnik und Neuroethik“, mentisVerlag GmbH, 2010

Franck, Georg „Mentaler Kapitalismus: Eine politische Ökonomie des Geistes“, Carl Hanser Verlag, München und Wien 2005

Kucklick, Christoph, „Die granulare Gesellschaft: Wie das Digitale unsere Wirklichkeit auflöst“, Ullstein 2014

Kurzweil, Ray, „Menschheit 2.0: Die Singularität naht“, 2013

Lanier, Jaron, „WEM GEHÖRT DIE ZUKUNFT?“, Hoffmann und Kampe Verlag, Hamburg, 2014

Mau, Steffen „Das metrische Wir: Über die Quantifizierung des Sozialen“, edition suhrkamp, 2017

Meckel, Miriam, „Mein Kopf gehört mir: Eine Reise durch die schöne neue Welt des Brainhacking“, Verlag Piper, März 2018

Metzinger,Thomas, „Der Ego-Tunnel: Eine neue Philosophie des Selbst: Von der Hirnforschung zur Bewusstseinsethik“, Berlin Verlag 2009

Rosen, Lerry, „Die digitale Falle: Treibt uns die Technologie in den Wahnsinn?“, Springer- Verlag Berlin Heidelberg 2013

Schirrmacher, Frank, „Payback“, Blessing Verlag München, 2009

Small, Gary, Vorgan, Gigi, Klosterm, Maren, „iBrain: Wie die neue Medienwelt das Gehirn und die Seele unserer Kinder verändert“, 2009

Sorgner, Stefan Lorenz im Gespräch mit J. Innerhofer, DIE ZEIT N° 20/2013

Welzer, Harald, „Die smarte Diktatur. Der Angriff auf unsere Freiheit", S Fischer, 2016

Wu, Tim, „The Attention Merchants“ The Epic Scramble to Get Inside Our Heads, 2016

http://www.epb.uni-hamburg.de/erzwiss/lohmann/Publik/Lohmann_Menschenverbesserung.pdf
http://braininitiative.nih.gov/ BRAIN 2025: A Scientific Vision, 6/2014

http://www.uni-muenster.de/Ejournals/index.php/pop/article/view/1324/1257